PAULINE DOHMEN

Nähen mit JERSEY

KLIMPERGROSS!

Lieblingsmodelle für Erwachsene (Größe XXS-3XL)

HERREN

Pauline Dohmen im Video:
topp-kreativ.de/jersey

DAMEN

GRUND-ANLEITUNG

In „Klimpergroß“ wird Klimperklein erwachsen. Schnitte für Damen und Herren zu entwerfen war schon viele Jahre mein Traum, als wir die Idee zu diesem Buch entwickelten. Endlich finden sich die bewährtesten Schnittmuster aus den vorangegangenen Kinderbüchern in „Klimpergroß“ auch für uns Erwachsene. Ob du deinen Kleiderschrank mit Basics auffüllen willst, dir einzigartige Designerstücke auf den Leib schneidern oder mit deinen Kindern im Partnerlook unterwegs sein möchtest – dieses Buch macht es möglich.

Mit dem Größenspektrum von XXS bis 3XL ist es mir mithilfe meiner tollen Schnittmacherin gelungen, Schnittmuster für sehr viele Körperformen zu entwickeln, bei denen nicht nur die Kleidergrößen, sondern auch die Bedürfnisse der Trägerinnen im Vordergrund standen. Dabei sind die Schnitte trotzdem alle sehr schlicht und basic gehalten, um dir jede Menge Gestaltungsspielraum zu geben.

Seit der Arbeit an dem Buch trage ich fast nur noch Selbstgenähtes, und es fühlt sich großartig an. Mein Stil, handgemacht und selbst designt. Trau dich, abzuwandeln, neu zu kombinieren und mit den Schnitten zu spielen, dann werden dir die Ideen für neue Kreationen nie ausgehen.

Besuch mich doch auch unter meinem Label Klimperklein auf Facebook, Instagram oder im Blog unter www.klimperklein.de. Hier erfährst du stets alle Neuigkeiten rund um Klimperklein, erhältst Einblick in meine Ideen rund um das Thema Nähen und noch vieles mehr.

Jetzt wünsche ich dir ganz viel Spaß beim Nachnähen und freue mich schon riesig, die ersten fertigen Teile an euch zu entdecken!

Pauline Dohmen

Pauline Dohmen im Video: topp-kreativ.de/jersey

#nählieb

Vor dem Nähen

Dieses Buch bietet eine umfassende Sammlung schlichter Basisschnitte in den Größen XXS bis 3XL und deckt somit ein sehr breites Größenspektrum ab. Vor dem Nähen ist es wichtig, die korrekte Größe zu ermitteln. Dazu werden als Erstes die Körpermaße bestimmt und mit der folgenden Tabelle verglichen werden. Dabei sollte die übliche Unterwäsche getragen und das Maßband waagerecht und nicht zu straff auf der entsprechenden Höhe um den Körper herumgelegt werden (siehe Grafik). Dann werden Brustumfang (stärkste Stelle horizontal über Brustmitte gemessen), Taillenumfang (schmalste Stelle) und Hüftumfang (stärkste Stelle horizontal über die Gesäßmitte gemessen) ermittelt.

Die Schnittmuster sind auf eine Körpergröße von 1,68 m (Damen) und 1,82 m (Herren) ausgelegt. Bei stark abweichender Körperlänge ist es sinnvoll, Hosen und Oberteile jeweils um die halbe Abweichung zu verlängern bzw. zu kürzen. Für eine Frau von 1,58 m kann ein Oberteil beispielsweise um 5 cm gekürzt werden.

Wird eines der Schnittmuster in der Größe nach Maß genäht, wird dadurch die im Probenähen als gewünscht ermittelte Passform erzielt. Eventuell ist aber ein lässigerer oder ein körperbetonterer Sitz gewollt. Damit das fertige Kleidungsstück auch den persönlichen Vorstellungen entspricht, empfiehlt es sich, ein gut passendes Kleidungsstück mit dem Schnittmuster zu

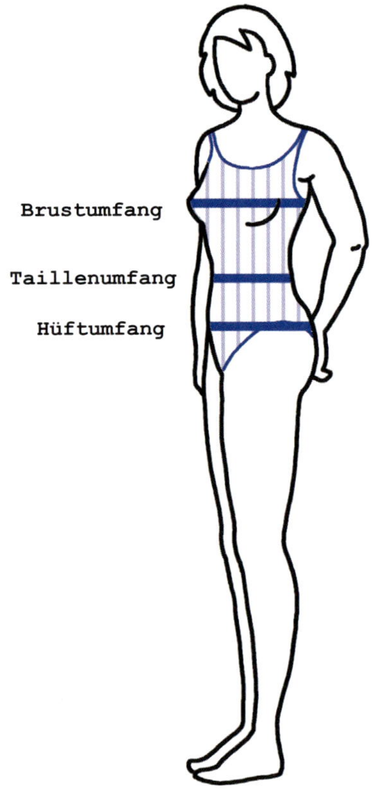

vergleichen. Grundsätzlich ist es immer möglich, eine Größe größer (lässiger) oder kleiner (körperbetonter) als nach den Maßen ermittelt zu wählen, um die Passform an die eigenen Bedürfnisse anzupassen.

Bei der Erstellung der Schnittmuster wurden außerdem nicht nur die gängigen Kleidergrößen, sondern auch die Bedürfnisse der Trägerinnen und Träger berücksichtigt. So fallen zum Beispiel die Schnittmuster für Oberteile in den großen Größen für gewöhnlich etwas länger aus und sitzen legerer.

Bitte nicht ausschließlich an Kaufgrößen orientieren, da diese bisweilen sehr unterschiedlich ausfallen. Größe S für Damen entspricht in diesem Buch am ehesten der Größe 38, Größe S bei den Herren der Größe 44. Die Unisexmodelle fallen grundsätzlich eher etwas großzügiger aus, für Damen kann eine Größe kleiner als bei den Damenmodellen gewählt werden.

Wichtig ist es außerdem, die Stoffempfehlungen zu beachten. Ein Schnittmuster fällt aus Viskosejersey anders als aus einem Baumwolljersey. Wofür die entsprechenden Schnitte designt wurden, findet sich stets als Materialangabe in den Anleitungen. Wird ein Schnittmuster aus einem sehr viel leichteren Stoff als angegeben genäht (z.B. Baumwolljersey statt Sweatshirtstoff), kann eine Nummer kleiner genäht werden. Umgekehrt sollte je nach Dehnbarkeit mindestens eine Nummer größer gewählt werden.

	XXS	**XS**	**S**	**M**	**L**	**XL**	**2XL**	**3XL**
Brustumfang (cm)	75-79	80-85	86-90	91-96	97-102	103-110	111-117	118-123
Taillenumfang (cm)	62-64	65-69	70-74	75-79	80-84	85-92	93-102	103-108
Hüftumfang (cm)	88-90	91-95	96-100	101-105	106-110	111-117	118-124	125-131
Damenkonfektionsgröße	32	34/36	38	40/42	44	46/48	50	52/54
Herrenkonfektionsgröße	40	42	44	46	48	50/52	54	56/58

HERREN

SHIRT FÜR ALLE FÄLLE

...Basic T-Shirt

SCHWIERIGKEITSGRAD 1

GRÖSSE
XXS-S/M-L/XL-3XL

MATERIAL

- Stoff 1 (T-Shirt und Halsbündchen): Jersey in Grün mit Pixelmuster, 110/120/150 cm x 140 cm
- Farblich passendes Nähgarn

SCHNITTMUSTERBOGEN 2A

NAHTZUGABEN
Alle Teile mit 1 cm NZG, Halsausschnitt ohne NZG und Säume an Ärmeln und Körper mit 3 cm Saumzugabe zuschneiden.

ZUSCHNITT
Hinweis: Das T-Shirt als Ganzes (Passe und Basis verbunden) vom Schnittmusterbogen übernehmen.

Stoff 1:

- 1x Teil „Herren-T-Shirt Vorderteil" im Stoffbruch
- 1x Teil „Herren-T-Shirt Rückenteil" im Stoffbruch
- 1x Teil „Herren-T-Shirt Ärmel" in doppelter Stofflage
- 1x Halsbündchen, 4 cm x 80% der Halsausschnittweite

ANLEITUNG

1 Vorder- und Rückenteil r-a-r an den Schulterkanten bündig aufeinanderlegen und die Schulternähte schließen.

2 Das Halsbündchen laut Grundanleitung (Seite 87) einnähen. Dafür das Bündchen r-a-r zum Ring zusammennähen, der Länge nach l-a-l auf halbe Höhe (2 cm) falten, in den Ausschnitt stecken und gleichmäßig gedehnt einnähen. Nach Bedarf die NZG in das Shirt legen und von rechts mit einem sehr dehnbaren Stich absteppen.

3 Die Ärmel r-a-r mit der Armkugel in die Armausschnitte einpassen, feststecken und einnähen. Die Ärmel der Länge nach r-a-r zusammenlegen und feststecken. Vorder- und Rückenteil an den Seitenkanten bündig r-a-r legen und aneinanderstecken. Die Seitennähte in einem Zug vom Ärmelsaum bis zur Körperunterkante schließen.

4 Die Säume an Ärmeln und Unterkante des Shirts 3 cm nach innen einschlagen, bügeln und von rechts mit einem dehnbaren Stich absteppen.

PERFEKT KOMBINIERT

...Legeres T-Shirt mit Passe

SCHWIERIGKEITSGRAD 2

GRÖSSE
XXS-S/M-L/XL-3XL

MATERIAL

- Stoff 1 (T-Shirt Passe und Ärmel): Jersey in Grau, 60/60/70 cm x 140 cm
- Stoff 2 (T-Shirt Basis): Jersey in Jeansblau, 60/70/130 cm x 140 cm
- Stoff 3 (Tasche): Jersey in Gelb, 15 cm x 20 cm
- Stoff 4 (Halsbündchen): Feinstrickbündchen in Gelb, 4 cm x 50 cm
- Farblich passendes Nähgarn
- Evtl. ausreißbares Stickvlies oder Küchenkrepp, 15 cm x 15 cm

SCHNITTMUSTERBOGEN 2A

NAHTZUGABEN
Alle Teile mit 1 cm NZG, Halsausschnitt ohne NZG und Säume an Ärmeln, Körper und Taschenoberkante mit 3 cm Saumzugabe zuschneiden.

ZUSCHNITT
Hinweis: Passe und Basis separat voneinander vom Schnittmusterbogen abzeichnen. Die Taschenposition aus dem Schnittmuster übernehmen.

Stoff 1:

- 1x Teil „Herren-T-Shirt Passe Vorderteil" im Stoffbruch
- 1x Teil „Herren-T-Shirt Passe Rückenteil" im Stoffbruch
- 1x Teil „Herren-T-Shirt Ärmel" in doppelter Stofflage

Stoff 2:

- 1x Teil „Herren-T-Shirt Basis Vorderteil" im Stoffbruch
- 1x Teil „Herren-T-Shirt Basis Rückenteil" im Stoffbruch

Stoff 3:

- 1x Teil „Herren-T-Shirt Tasche"

Stoff 4:

- 1x Halsbündchen, 4 cm x 70–80 % der Halsausschnittweite

ANLEITUNG

1 Die Unterkante der vorderen Passe r-a-r bündig an die Oberkante der vorderen Basis legen, feststecken und zusammennähen. Mit der rückwärtigen Passe und Basis ebenso verfahren. Die NZG Richtung Saum legen und bügeln.

2 Die Tasche laut Grundanleitung (Seite 102) vorbereiten und zeichengemäß mit Geradstich auf das Vorderteil nähen, Nahtanfang und -ende mit Rückstichen sichern. Dabei bei Bedarf Stickvlies oder Küchenkrepp unterlegen, um eine Wellenbildung zu verhindern.

3 Vorder- und Rückenteil r-a-r an den Schulterkanten bündig aufeinanderlegen und die Schulternähte schließen.

4 Das Halsbündchen laut Grundanleitung (Seite 87) einnähen. Dafür das Bündchen r-a-r zum Ring zusammennähen, der Länge nach l-a-l auf halbe Höhe (2 cm) falten, in den Ausschnitt stecken und gleichmäßig gedehnt einnähen. Nach Bedarf die NZG in das Shirt legen und von rechts mit einem sehr dehnbaren Stich absteppen.

5 Die Ärmel r-a-r mit der Armkugel in die Armausschnitte einpassen, feststecken und einnähen. Die Ärmel der Länge nach r-a-r zusammenlegen und feststecken. Vorder- und Rückenteil an den Seitenkanten bündig r-a-r legen und aneinanderstecken. Dann die Seitennähte in einem Zug vom Ärmelsaum bis zur Körperunterkante schließen.

6 Die Säume an Ärmeln und Unterkante des Shirts 3 cm nach innen einschlagen, bügeln und von rechts mit einem dehnbaren Stich absteppen.

TIPP: Farblich abgesetzte, breite Ziernähte erzielen tolle Effekte. Dafür eignen sich z.B. der Wabenstich, Pseudo-Overlockstiche oder die Rückseite der Covernaht.

A STAR IS BORN

...Boxershorts

SCHWIERIGKEITSGRAD 3

GRÖSSE
XXS-S/M-L/XL-3XL

MATERIAL

- Stoff 1 (Boxershorts): Jersey in Blau mit weißen Sternen, 45 cm x 140 cm
- Farblich passendes Nähgarn
- Kontrastgarn in Rot
- Bundgummi in Rot-Weiß mit Sternen, 3-4 cm breit, 100/110/130 cm
- Trickmarker

SCHNITTMUSTERBOGEN 1B

NAHTZUGABEN
Alle Teile ringsherum mit 1 cm NZG zuschneiden, den Beinsäumen ca. 2 cm Saumzugabe hinzufügen.

ZUSCHNITT
Hinweis: Die Passzeichen des Mittelstücks vom Schnittmuster übernehmen.

Stoff 1:

- 1x Teil „Boxershorts Hosenbein" im Stoffbruch
- 2x Teil „Boxershorts Mittelstück" in doppelter Stofflage

Video zu dieser Anleitung unter: www.topp-kreativ.de/download-center oder diesen QR-Code scannen.

ANLEITUNG

1 Zunächst jeweils beide inneren Mittelstückteile und beide äußeren Mittelstückteile r-a-r aufeinanderlegen und mit (dreifachem) Geradstich oder Elastikstich an der vorderen Mitte zusammennähen. Die NZG zurückschneiden.

2 Die Mittelstücke l-a-l bündig aufeinanderlegen und innerhalb der NZG mit einem langen Geradstich aufeinanderheften.

3 Die Seitenkanten des Hosenteils jeweils r-a-r zeichengemäß an das Mittelstück stecken und festnähen. Die NZG ins Hosenteil bügeln und mit Kontrastgarn von rechts absteppen, um die Nähte flach zu halten.

4 Die hintere und vordere Schrittkante r-a-r bündig so aufeinanderlegen, dass die Mittelnaht auf die hintere Mitte trifft. Die Schrittnaht schließen, die NZG Richtung Rückenteil bügeln und absteppen.

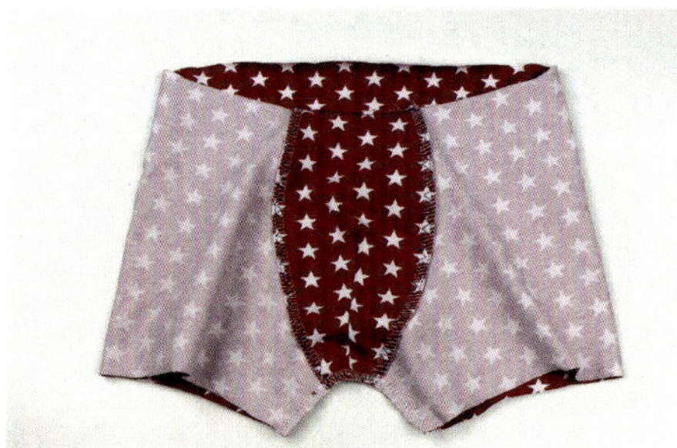

5 Die Beinsäume 2 cm nach innen einschlagen, bügeln und mit Kontrastgarn mit einem sehr elastischen Stich absteppen.

6 Das Gummiband auf 90 % der Bundweite abmessen. Die Enden des Gummibandes Stoß auf Stoß aneinanderlegen und mit einem sehr engen, breiten Zickzackstich (5 mm Breite, 0,2 mm Länge) flach zusammennähen. Dabei darauf achten, dass das Gummiband nicht verdreht ist.

7 Das Gummiband und den Hosenbund jeweils mit Stecknadeln vierteln. Gummi und Hose l-a-r passgenau so aufeinanderstecken, dass das Gummiband die Hose auf der rechten Stoffseite um die NZG (1 cm) überragt. Das Gummiband an seiner Unterkante gleichmäßig gedehnt von rechts auf die Hose steppen.

COOLER LOOK

… Raglanshirt

SCHWIERIGKEITSGRAD 1

GRÖSSE
XXS-S/M-L/XL-3XL

MATERIAL

- Stoff 1 (Körper): Baumwolljersey in Weiß, 85/90/150 cm x 140 cm
- Stoff 2 (Ärmel): Baumwolljersey in Schwarz, 95 cm x 140 cm
- Farblich passendes Nähgarn

SCHNITTMUSTERBOGEN 2B

NAHTZUGABEN
Alle Teile mit 1 cm NZG zuschneiden. Vorder-, Rückenteil und Ärmel am Halsausschnitt ohne NZG und an den Unterkanten mit 3 cm Saumzugabe zuschneiden.

ZUSCHNITT

Stoff 1:

- 1x Teil „Herren-Raglanshirt Vorderteil" im Stoffbruch
- 1x Teil „Herren-Raglanshirt Rückenteil" im Stoffbruch
- 1x Teil „Herren-Raglanshirt Ärmel" in doppelter Stofflage

Stoff 2:

- 1x Ausschnittbündchen, 4 cm (im Maschenlauf) x 70 % (Bündchenstoff) bzw. 80 % (Stretchjersey) der Ausschnittweite

TIPP: Das Shirt eignet sich hervorragend, um Plottmotive anzubringen. Auf der Internetseite des Verlags können die abgebildeten Motive für haushaltsübliche Schneideplotter heruntergeladen werden (siehe Seite 112).

ANLEITUNG

1 Die Ärmel jeweils nacheinander r-a-r an die Raglannähte des Vorder- und Rückenteils legen und die Raglannähte laut Grundanleitung (Seite 107) schließen.

2 Die Ärmel der Länge nach r-a-r zusammenlegen und feststecken. Vorder- und Rückenteil an den Seitenkanten bündig r-a-r legen und ebenfalls feststecken. Die Ärmelkanten und Seitennähte vom Ärmelsaum bis zur Körperunterkante in einem Zug schließen.

3 Das Ausschnittbündchen laut Grundanleitung (Seite 87) annähen. Dafür das Bündchen r-a-r zum Ring zusammennähen, der Länge nach l-a-l falten, in den Ausschnitt stecken und gleichmäßig gedehnt einnähen. Ggf. die NZG zum Körper hin in das Shirt steppen.

4 Die Säume an Ärmeln und Shirtunterkante laut Grundanleitung (Seite 88) arbeiten.

TIPP: Wer möchte, kann die Ärmelsäume vor dem Schließen der Seitennähte nähen, die NZG am Saum anschließend zur Rückseite legen und von rechts mit einem Geradstich feststeppen.

FÜR LÄSSIGE MÄNNER

...Hoodie mit Wickelkapuze

SCHWIERIGKEITSGRAD 2

GRÖSSE
XXS-S/M-L/XL-3XL

MATERIAL

- Stoff 1 (Körper, Ärmel, Kapuze): Sweatshirtstoff in Hellgrau, 130/150/175 cm x 140 cm
- Stoff 2 (Futter Kapuze): Jersey in Schwarz-Grau mit Pixelmuster, 50 cm x 140 cm
- Stoff 3 (Bündchen): Bündchenware oder Stretchjersey in Hellgrau, 45 cm x 140 cm
- SnapPap, 10 cm x 20 cm
- Bügelfolie „Flex" in Schwarz, 30 cm x 20 cm
- Bügeleinlage (z.B. Vlieseline G710), 4 cm x 15 cm
- Farblich passendes Nähgarn
- 2 Ösen in Silber, ø 8 mm
- Hoodieband in Schwarz, 100 cm
- Sprühzeitkleber

SCHNITTMUSTERBOGEN 2A + 2B

NAHTZUGABEN
Alle Teile mit 1 cm NZG zuschneiden. SnapPap und Bügeleinlage ohne NZG zuschneiden.

ZUSCHNITT
Hinweis: Mit Schneiderkreide oder Trickmarker die Position der Eingrifftaschen aus dem Schnittmuster auf die rechte Stoffseite des Vorderteils und die linke Stoffseite des oberen Taschenbeutels übernehmen. Die vordere Mitte der Wickelkapuze durch einen Knips in die NZG aus dem Schnittmuster übernehmen.

Stoff 1:

- 1x Teil „Herren-Hoodie Vorderteil" im Stoffbruch
- 1x Teil „Herren-Hoodie Rückenteil" im Stoffbruch
- 1x Teil „Herren-Hoodie Ärmel" in doppelter Stofflage
- 1x Teil „Herren-Hoodie Wickelkapuze" in doppelter Stofflage
- 1x Teil „Herren-Hoodie Kapuze Mittelstreifen"
- 1x Teil „Herren-Hoodie Tasche unten" in doppelter Stofflage

Stoff 2:

- 1x Teil „Herren-Hoodie Wickelkapuze" in doppelter Stofflage
- 1x Teil „Herren-Hoodie Kapuze Mittelstreifen"
- 1x Teil „Herren-Hoodie Tasche oben" in doppelter Stofflage

Stoff 3:

- 2x Teil „Herren-Hoodie Ärmelbündchen"
- 1x Teil „Herren-Hoodie Saumbündchen" im Stoffbruch

SnapPap:

- 4x Teil Dreieck
- 2x Quadrat, 2 cm x 2 cm

Bügelfolie:
Das Plottmotiv von der Internetseite des Verlags herunterladen und mit dem Schneideplotter ausschneiden (siehe Seite 112).

Bügeleinlage:

- 2x Verstärkung Tascheneingriff, entsprechend Öffnung + 1 cm NZG

ANLEITUNG

1 Bei Bedarf das Plottmotiv mittig auf dem Vorderteil platzieren und laut Grundanleitung (Seite 104) aufbügeln.

2 Die eingesetzten Fronttaschen als einfache Eingrifftaschen laut Grundanleitung (Seite 99) in das Vorderteil nähen.

3 Vorder- und Rückenteil r-a-r an den Schulterkanten bündig aufeinanderlegen und die Schulternähte schließen.

4 Die Ärmel r-a-r mit der Armkugel in die Armausschnitte einpassen, feststecken und einnähen. Die Ärmel der Länge nach r-a-r zusammenlegen und feststecken. Vorder- und Rückenteil an den Seitenkanten bündig r-a-r legen und aneinanderstecken. Die Seitennähte in einem Zug vom Ärmelsaum bis zur Körperunterkante schließen.

5 Die Ärmelbündchen und das Saumbündchen laut Grundanleitung (Seite 87) r-a-r zum Ring nähen, der Länge nach l-a-l auf halbe Höhe falten, r-a-r in die Ärmelsäume und an den Saum stecken und gleichmäßig gedehnt annähen.

6 Die Quadrate aus SnapPap an gewünschter Stelle auf der Außenkapuze als Verstärkung für die Ösen anbringen: Dazu die Kapuze korrekt überlappend hinlegen und die gewünschte Position auswählen, dabei die NZG bedenken. Die Quadrate mit Sprühzeitkleber fixieren und mit Geradstich annähen. Die Ösen nach Herstellerangaben mittig in den SnapPap-Quadraten anbringen.

7 Für die Außenkapuze die Kapuzenteile jeweils r-a-r an die Seitenkanten des Mittelstreifens stecken und nähen. Die Futterkapuze nähen, wenden und r-a-r in die Außenkapuze stecken. Die offene Vorderkante zusammennähen, wenden, bügeln und mit 3 cm Abstand zur Vorderkante absteppen, sodass sich ein Tunnel bildet. Die fertige Wickelkapuze so überlappend zum Ring zusammenlegen, dass der Futterstoff der oben liegenden Kapuzenseite auf den Außenstoff der unten liegenden Seite trifft und die Knipse bündig übereinanderliegen. Die Überlappung an der Unterkante mit Geradstich innerhalb der NZG heften. Die Kapuze mit dem Außenstoff r-a-r so in den Halsausschnitt stecken, dass die Knipse auf die vordere Mitte des Hoodies treffen, und die Kapuze einnähen.

8 Das Hoodieband durch den Tunnel ziehen und die Enden verknoten oder umklappen, feststeppen und den Überstand zurückschneiden.

FÜR TRENDSETTER

... Collegejacke

SCHWIERIGKEITSGRAD 3

GRÖSSE
XXS-S/M-L/XL-3XL

MATERIAL

- Stoff 1 (Körper, Belege und Taschen): Sweatshirtstoff in Blau, 90/90/120 cm x 140 cm
- Stoff 2 (Ärmel): Sweatshirtstoff in Grau meliert, 70 cm x 140 cm
- Stoff 3 (Bündchen): Feinstrickbündchen in Grau meliert, 30 cm x 140 cm
- Stoff 4 (Applikation): Jersey in Grau meliert, 20 cm x 20 cm
- Bügeleinlage (z.B. Vlieseline G710), 65 cm x 15 cm
- Farblich passendes Nähgarn
- 8 Jerseydruckknöpfe mit Kappen in Weiß, ⌀ 10 mm
- Buchstaben-Applikation zum Download (siehe Seite 112)
- Style-Vil, 20 cm x 20 cm
- Stickfilz, 20 cm x 20 cm
- Sprühzeitkleber

SCHNITTMUSTERBOGEN 1B

NAHTZUGABEN
Alle Teile mit 1 cm NZG zuschneiden.

ZUSCHNITT
Hinweis: Mit Schneiderkreide oder Trickmarker die Position der Eingrifftaschen aus dem Schnittmuster auf die rechte Stoffseite des Vorderteils und die linke Stoffseite des oberen Taschenbeutels übernehmen. Die vordere Mitte auf der rechten Stoffseite des Vorderteils anzeichnen.
Hinweis: Die Vorlage für die Buchstaben-Applikation herunterladen und ausschneiden.

Stoff 1:

- 1x Teil „Collegejacke Vorderteil" in doppelter Stofflage
- 1x Teil „Collegejacke Rückenteil" im Stoffbruch
- 1x Teil „Collegejacke Taschenbeutel oben" in doppelter Stofflage
- 1x Teil „Collegejacke Taschenbeutel unten" in doppelter Stofflage
- 2x Teil „Collegejacke Vorderteil Beleg"
- 2x Teil „Collegejacke Vorderteil Saumecke"

Stoff 2:

- 1x Teil „Collegejacke Ärmel" in doppelter Stofflage

Stoff 3:

- 2x Teil „Collegejacke Ärmelbündchen"
- 1x Teil „Collegejacke Saumbündchen" im Stoffbruch
- 1x Teil „Collegejacke Kragen"
- 2x Teil „Collegejacke Leiste"

Stoff 4:

- 1x Quadrat, 15 cm x 15 cm

Bügeleinlage:

- 2x Teil „Collegejacke Vorderteil Beleg"
- 2x Verstärkung Tascheneingriff, entsprechend Öffnung plus 1 cm NZG

L
D

ANLEITUNG

1 Die Leistentaschen laut Grundanleitung (Seite 99/100) an die Vorderteile nähen.

2 Die beiden Vorderteile r-a-r an den Schulterkanten bündig auf das Rückenteil legen und die Schulternähte schließen.

3 Die Ärmel r-a-r mit der Armkugel in die Armausschnitte einpassen, feststecken und einnähen. Die Ärmel der Länge nach r-a-r zusammenlegen und feststecken. Vorderteile und Rückenteil an den Seitenkanten bündig r-a-r legen und aneinanderstecken. Die Seitennähte in einem Zug vom Ärmelsaum bis zur Körperunterkante schließen.

4 Die Ärmelbündchen laut Grundanleitung (Seite 87) r-a-r zum Ring nähen, der Länge nach l-a-l auf halbe Höhe falten, r-a-r in die Ärmelsäume stecken und danach gleichmäßig gedehnt annähen.

5 Den Kragen der Länge nach l-a-l auf halbe Höhe falten und bügeln. Leicht gedehnt an den Halsausschnitt stecken und mit langem Geradstich heften. Der Kragen überragt dabei die vordere Mitte der Jacke nur um die Breite seiner NZG.

6 Die Saumecken jeweils r-a-r an die beiden kurzen Seiten des Saumbunds stecken und annähen. Den vervollständigten Saumbund der Länge nach l-a-l zusammenfalten und bügeln, anschließend aufklappen und mit einer langen Seite gleichmäßig gedehnt an die Unterkante der Collegejacke nähen.

7 Die Belege mit Bügeleinlage verstärken und jeweils an einer langen Seite versäubern. Dazu die Kante mit der Overlock oder Zickzackstich versäubern oder 1 cm zur linken Seite umbügeln und absteppen. Die Belege nun beidseits r-a-r mit einer kurzen Kante an die noch offene Seite des Saumbunds stecken, sodass die unversäuberten langen Kanten zu den kurzen Seiten des Saumbunds weisen. Die Belege in einem Zug mit der Overlock oder Pseudo-Overlockstich

annähen, den Saumbund dazwischen mit dieser Naht versäubern.

8 Den Saumbund r-a-r zusammenfalten, die Belege bündig entlang der späteren Knopfleiste r-a-r auf das Vorderteil legen und feststecken. Den Kragen jetzt endgültig in den Halsausschnitt nähen, dabei am Anfang und Ende der Naht die Oberkante der Belege mitfassen, der Kragen liegt zwischen Vorderteil und Beleg.

9 Die Belege entlang der späteren Knopfleiste auf das Vorderteil nähen, dabei in einem Zug auch die offene Vorderkante der Saumecke schließen. Die Ecken abschrägen. Danach die Knopfleiste und den Saumbund wenden, sodass die Belege jetzt l-a-l auf der Innenseite des Vorderteils und der Saumbund l-a-l aufeinanderliegen.

10 Die offene Kante des Saumbündchens gleichmäßig gedehnt mit Geradstich auf der NZG zwischen Jacke und Saumbündchen fixieren. Alle drei Lagen in die Jacke legen, Saum, Kragen und Knopfleiste bügeln und in einem Zug von rechts mit Geradstich absteppen.

11 Die Druckknöpfe laut Grundanleitung (Seite 106) im Abstand von 6–8 cm gleichmäßig anbringen, dabei 2 Knöpfe in der Saumecke befestigen.

12 Abschließend für die Applikation den Buchstaben anfertigen und aufnähen: Dafür den Buchstaben zunächst laut Vorlage auf die rechte Stoffseite des Jerseyquadrats übertragen. Den Jersey l-a-r mit Sprühzeitkleber auf dem Style-Vil fixieren. Dann das Style-Vil mit sehr wenig Sprühzeitkleber auf dem Stickfilz fixieren. Den angezeichneten Buchstaben durch alle Lagen mit Geradstich nachnähen, Vlies und Jersey zurückschneiden.

Den Buchstaben mit engem Zickzackstich (Stichbreite ca. 4 mm, Stichlänge ca. 0,3 mm) erneut umnähen.

Den Stickfilz ringsherum auf 3–5 mm zurückschneiden. Den Buchstaben in Brusthöhe auf der linken Seite des Vorderteils mit etwas Sprühzeitkleber fixieren und aufnähen.

FÜR DICH UND MICH

...Fleecejacke

SCHWIERIGKEITSGRAD 3

GRÖSSE
XXS-S/M-L/XL-3XL

MATERIAL

- Stoff 1 (Jacke): Fleece in Rot oder Graublau, 140/155/180 cm x 140 cm
- Stoff 2 (Futter für Kapuze und Untertritt): Jersey in Blau mit Punkten oder Petrol mit Sternen, 60/65/65 cm x 140 cm
- Bügeleinlage (z.B. Vlieseline G710), 8 cm x 15 cm
- Farblich passendes Nähgarn
- 2x Reißverschluss für Tascheneingriff in Blau oder Petrol, ca. 20 cm lang (Meterware möglich)
- Falzgummi, 3-4 m
- Teilbarer Reißverschluss in Rot oder Petrol, entsprechend Länge Vorderkante bis Rundung

SCHNITTMUSTERBOGEN 1A

NAHTZUGABEN
Alle Nahtkanten mit 1 cm NZG zuschneiden. Die mit Falzgummi eingefassten Kanten ohne NZG zuschneiden (Säume, Jacken und Kapuzenvorderkante).

ZUSCHNITT
Hinweis: Mit Schneiderkreide oder Trickmarker die Position der Eingrifftaschen aus dem Schnittmuster auf die rechte Stoffseite des Vorderteils und die linke Stoffseite des oberen Taschenbeutels übernehmen. Die Umbruchmarkierung des Untertritts mit einem Knips in die NZG aus dem Schnittmuster übernehmen.

Stoff 1:

- 1x Teil „Fleecejacke Vorderteil" in doppelter Stofflage
- 1x Teil „Fleecejacke Rückenteil" im Stoffbruch
- 1x Teil „Fleecejacke Ärmel" in doppelter Stofflage
- 1x Teil „Fleecejacke Kapuze" in doppelter Stofflage
- 1x Teil „Fleecejacke Kapuze Mittelstreifen"
- 1x Teil „Fleecejacke Tasche unten" in doppelter Stofflage
- 1x Teil „Fleecejacke Untertritt"

Stoff 2:

- 1x Teil „Fleecejacke Kapuze" in doppelter Stofflage
- 1x Teil „Fleecejacke Kapuze Mittelstreifen"
- 1x Teil „Fleecejacke Tasche oben" in doppelter Stofflage
- 1x Teil „Fleecejacke Untertritt" gegengleich zu Außenstoff

Bügeleinlage:

- 2x Verstärkung Tascheneingriff, entsprechend Öffnung plus 1cm NZG

ANLEITUNG

1 Die Reißverschlusstaschen laut Grundanleitung (Seite 99) in die Vorderteile nähen.

2 Beide Vorderteile an den Schulterkanten bündig r-a-r auf das Rückenteil legen und die Schulternähte schließen.

3 Für die Außenkapuze die Kapuzenteile jeweils r-a-r an die Seitenkanten des Mittelstreifens stecken und annähen. Die Futterkapuze ebenso nähen.

4 Für ein sauberes Finish der Nackennaht die Jacke beim Annähen der Kapuzen zwischenfassen: Dafür die Unterkante der Außenkapuze r-a-r und die Futterkapuze r-a-l am Halsausschnitt der Jacke bündig feststecken und zusammennähen. Beide Kapuzen hochklappen und l-a-l ineinanderstecken. Zum Schluss die Kapuzenvorderkanten knappkantig aufeinanderheften.

5 Die Ärmelsäume laut Grundanleitung (Seite 91) mit stärker gedehntem Falzgummi einfassen. Die Ärmel r-a-r mit der Armkugel in die Armausschnitte einpassen, feststecken und sorgfältig einnähen.

6 Die Ärmel der Länge nach r-a-r zusammenlegen, Vorderteile und Rückenteil an den Seitenkanten bündig r-a-r legen und feststecken. Die Einfassungen der Ärmel mit einigen Stichen provisorisch aufeinander fixieren. Die Seitennaht nur auf einer Seite vom Ärmelsaum bis zur Körperunterkante schließen.

7 An der offenen Seitennaht beginnend die Jacken- und Kapuzenkante laut Grundanleitung (Seite 91) in einem Zug mit Falzgummi einfassen. Dabei im Bereich der Kapuzenvorderkante eher stark, am unteren Rückenteil leicht und an den späteren Reißverschlusskanten nicht dehnen. Die Einfassung am Saum zunächst nur provisorisch aufeinander fixieren.

8 Die offene Seitennaht vom Ärmelsaum bis zur Jacken-Unterkante in einem Zug schließen. Die NZG an den Ärmelsäumen und der zweiten Seitennaht Richtung Rückenteil legen und von rechts absteppen.

9 Die beiden Teile des Untertritts l-a-l aufeinanderlegen, knappkantig heften und an der gebogenen Kante mit ungedehntem Falzgummi einfassen. Die gerade Kante bei Bedarf versäubern. Den Reißverschluss nun so auf die Fleeceseite des Untertritts legen, dass die Zähnchen oben an der Knipsmarkierung enden und die kurze Seite des Untertritts über den Reißverschluss nach unten geklappt wird. Das Gefaltete mit einigen Nähmaschinenstichen heften.

10 Den Reißverschluss r-a-l so hinter die Mittelkanten des Vorderteils stecken, dass er am Kapuzenansatz beginnt und sich nach unten öffnen lässt. Von Hand heften. Danach den Reißverschluss mit Geradstich einsetzen, dabei von rechts auf dem Falzgummi nähen und der ersten Naht möglichst exakt folgen. Anfang und Ende der Naht mit Rückstichen sichern.

ZUM WOHLFÜHLEN

... Jogginghose

SCHWIERIGKEITSGRAD 2

GRÖSSE
XXS-S/M-L/XL-3XL

MATERIAL

- Stoff 1 (Hose): Sweatshirtstoff in Grau, 125/135/180 cm x 140 cm
- Stoff 2 (Bündchen): Feinstrickbündchen in Grau, 45 cm x 140 cm
- Farblich passendes Nähgarn
- Weiches Gummiband, 3 cm breit, ca. 100 cm
- Bügeleinlage (z.B. Vlieseline G710), 2x 3 cm x 3 cm
- Hoodieband in Blau, 25 cm

SCHNITTMUSTERBOGEN 2B

NAHTZUGABEN
Alle Teile mit 1 cm NZG zuschneiden.

ZUSCHNITT

Stoff 1:

- 1x Teil „Jogginghose Vorderseite“ in doppelter Stofflage
- 1x Teil „Jogginghose Rückseite“ in doppelter Stofflage
- 1x Teil „Jogginghose Taschenbeutel unten“ in doppelter Stofflage
- 1x Teil „Jogginghose Taschenbeutel oben“ in doppelter Stofflage

Stoff 2:

- 1x Teil „Jogginghose Bund Taille“ im Stoffbruch
- 2x Teil „Jogginghose Beinbündchen“

ANLEITUNG

1 Die vorderen Eingrifftaschen laut Grundanleitung (Seite 101) nähen.

2 Beide Vorderseiten der Hose r-a-r bündig aufeinanderlegen und die vordere Schrittnaht zusammennähen.

3 Die Rückseiten der Hose ebenfalls r-a-r bündig aufeinanderlegen und die hintere Schrittnaht schließen.

4 Vorder- und Rückenteil r-a-r an den Innenbeinkanten bündig so aufeinanderlegen und feststecken, dass die Schrittnähte exakt aufeinanderliegen. Die Innenbeinnaht in einem Zug schließen.

5 Vorder- und Rückenteil r-a-r an den Seitenkanten bündig aufeinanderlegen und die Seitennähte schließen.

6 Das Gummi auf ca. 90 % der Weite des Bundes (je nach Elastizität des Gummis) plus 2 cm NZG zuschneiden. Das Gummiband 2 cm überlappend zu einem Ring nähen.

7 Am Bund der Hose die Knopflöcher jeweils 5 cm von der vorderen Mitte auf der Außenseite des Bündchens mittig einzeichnen und von der linken Seite mit Bügeleinlage verstärken. Dann die beiden Knopflöcher nähen.

8 Den Bund r-a-r zusammenlegen und an den offenen, kurzen Seiten zum Ring schließen. Anschließend der Länge nach l-a-l falten und bügeln. Den Gummiring in den Bund hineinlegen und den Bund mit Stecknadeln in Viertel einteilen. Den Hosenbund analog dazu ebenfalls vierteln. Nun den Bund r-a-r an den Markierungen passend in den geviertelten Hosenbund stecken und einnähen (siehe Grundanleitung Seite 90). Die NZG in die Hose legen und von rechts absteppen.

9 Das Hoodieband vorbereiten: Dazu die Enden je durch die Knopflöcher ziehen und passend zurückschneiden. Anschließend 2 cm umklappen, mehrfach mit Geradstich festnähen und die Überstände zurückschneiden.

10 Die Beinbündchen laut Grundanleitung (Seite 87) r-a-r zum Ring nähen, der Länge nach l-a-l auf halbe Höhe falten und gleichmäßig gedehnt an die Säume der Hosenbeine nähen.

TIPP: Die Jogginghose eignet sich auch sehr gut als Damenmodell.

SUPERLÄSSIG

...Hoodiejacke

SCHWIERIGKEITSGRAD 3

GRÖSSE
XXS-S/M-L/XL-3XL

MATERIAL

- Stoff 1 (Körper, Ärmel, Kapuze, Beleg): Sweatshirtstoff in Dunkelgrau, 165/170/185 cm x 140 cm
- Stoff 2 (Futter Kapuze): Jersey in Grau, 50 cm x 140 cm
- Stoff 3 (Bündchen): Bündchenware oder Stretchjersey in Dunkelgrau, 45 x 140 cm
- Bügeleinlage (z.B. Vlieseline G700), 6 cm x Länge Vorderteil
- Teilbarer Reißverschluss in Grau, entsprechend Länge Vorderkante
- Stylefix (schmales, doppelseitiges Klebeband zur Fixierung des Reißverschlusses)

SCHNITTMUSTERBOGEN 2A + 2B

NAHTZUGABEN
Alle Teile mit 1 cm NZG zuschneiden. Die geschwungene Außenkante der Belege ohne NZG zuschneiden.

ZUSCHNITT
Hinweis: Das Vorderteil und die Bauchtasche jeweils 1 cm vom Stoffbruch abgerückt im Stoffbruch zuschneiden. Das Vorderteil wird nach dem Aufnähen der Bauchtasche mittig geteilt.

Stoff 1:

- 1x Teil „Herren-Hoodie Vorderteil" im Stoffbruch, 1 cm vom Bruch abgerückt
- 1x Teil „Herren-Hoodie Rückenteil" im Stoffbruch
- 1x Teil „Herren-Hoodie Ärmel" in doppelter Stofflage
- 1x Teil „Herren-Hoodie Kapuze" in doppelter Stofflage
- 1x Teil „Herren-Hoodie Kapuze Mittelstreifen"
- 1x Teil „Herren-Hoodie Vorderteil Beleg" in doppelter Stofflage
- 1x Teil „Herren-Hoodie Bauchtasche" im Stoffbruch, 1 cm vom Bruch abgerückt

Stoff 2:

- 1x Teil „Herren-Hoodie Kapuze" in doppelter Stofflage
- 1x Teil „Herren-Hoodie Kapuze Mittelstreifen"
- evtl. 1x Versäuberungsstreifen Nackennaht, 2,5 cm x 30 cm

Stoff 3:

- 2x Teil „Herren-Hoodie Ärmelbündchen"
- 1x Teil „Herren-Hoodie Saumbündchen" im Stoffbruch

Bügeleinlage:

- 2x Streifen, 3 cm x Länge Vorderteil
- 1x Teil „Herren-Hoodie Vorderteil Beleg" in doppelter Stofflage

TIPP: Noch professioneller wirkt die Jacke mit Saumecken am Bauchbündchen. Dabei werden an beiden Seiten des Bündchens ca. 5 cm durch angenähten Sweatstoff ersetzt (siehe Collegejacke Seite 26).

Video zu dieser Anleitung unter: www.topp-kreativ.de/downloadcenter oder diesen QR-Code scannen.

ANLEITUNG

1 Die Bauchtasche laut Grundanleitung (Seite 98) auf das ungeteilte Vorderteil nähen. Dafür die Bauchtasche senkrecht jeweils 5 mm rechts und links von der Mittellinie mit langem Geradstich auf das Vorderteil heften und anschließend das Vorderteil entlang der Mittellinie teilen.

2 Beide Bügeleinlagestreifen an den vorderen Mittelkanten als Verstärkung auf die linke Stoffseite der Vorderteile bügeln. Danach auch die Belege auf die gleiche Weise mit der Bügeleinlage verstärken.

3 Beide Vorderteile an den Schulterkanten bündig r-a-r auf das Rückenteil legen und die Schulternähte schließen. Ärmel r-a-r mit der Armkugel in die Armausschnitte einpassen, feststecken und einnähen.

4 Die Ärmel der Länge nach r-a-r zusammenlegen und feststecken. Vorder- und Rückenteil an den Seitenkanten bündig r-a-r legen und feststecken. Anschließend die Ärmelkanten und Seitennähte vom Ärmelsaum bis zur Körperunterkante in einem Zug schließen.

5 Für die Außenkapuze die Kapuzenteile jeweils r-a-r an die Seitenkanten des Mittelstreifens stecken und annähen. Die Futterkapuze ebenso nähen. Bei Bedarf 2 Ösen laut Herstellerangaben mit ca. 2 cm Abstand zur Vorderkante in den Seitenteilen anbringen. Danach die Futterkapuze wenden, r-a-r in die Außenkapuze stecken und die Vorderkanten aufeinandernähen. Die Kapuze wenden und bügeln. Bei Bedarf die Vorderkante absteppen. Für einen Kordelzug 3 cm von der Vorderkante eingerückt absteppen. Futter- und Außenkapuze mit großer Stichlänge innerhalb der NZG entlang der Unterkante heften.

6 Die Kapuze r-a-r in den Ausschnitt stecken, dabei in der hinteren Mitte beginnen. Die Kapuze endet eine NZG von der Vorderkante des Ausschnitts entfernt in der vorderen Mitte der Kapuzenjacke. Die Kapuze mit langem Geradstich innerhalb der NZG in den Ausschnitt heften.

7 Die Belege bei Bedarf an den geschwungenen Außenseiten und an der Schulternaht versäubern. Anschließend seitengerecht r-a-r an den Vorderkanten und dem Halsausschnitt bis zur Schulter bündig auf die Vorderteile legen, die geheftete Kapuze liegt zwischen Beleg und Vorderteil. Beleg, Vorderteil und Kapuze am Halsausschnitt mit Overlock oder Pseudo-Overlockstich endgültig zusammennähen.

TIPP: Zwischen den Belegen einen ca. 2,5 cm hohen Versäuberungsstreifen für die Nackennaht mitfassen, der die Belege beidseits um 2-3 cm überragt. Den Streifen beim Absteppen um die NZG im hinteren Halsausschnitt legen und knappkantig feststeppen (siehe dazu auch die Videoanleitung).

8 Das Saumbündchen der Länge nach l-a-l falten und bügeln, wieder auffalten. Einseitig r-a-r gleichmäßig gedehnt an die Jackenunterkante stecken und annähen. Die Belege nun beidseits r-a-r mit einer kur-

zen Kante an die noch offene Seite des Saumbündchens stecken, sodass die unversäuberten Kanten zu den kurzen Seiten des Saumbündchens weisen. Die Belege in einem Zug mit der Overlock oder Pseudo-Overlockstich annähen, das Saumbündchen dazwischen mit dieser Naht versäubern.

9 Den Reißverschluss r-a-r mit Stylefix in der vorderen Mitte bis zur Mitte des Bauchbündchens ankleben oder von Hand heften. Die Oberkanten des Reißverschlusses dabei im 90°-Winkel zur Jackeninnenseite wegklappen. Die Belege und das innere Bauchbündchen jetzt bündig an den Vorderkanten auf den festgehefteten Reißverschluss legen und ihn so zwischenfassen. Den Reißverschluss mit Geradstich und Reißverschlussfüßchen oder der Nadel in der ganz linken Position durch alle Lagen entlang der vorderen Mitte einnähen.

10 Die Belege zur linken Stoffseite wenden, die Vorderkanten ausformen und bügeln. Die langen Seiten des Bauchbündchens mit langem Geradstich innerhalb der NZG aufeinanderheften, die NZG in die Jacke legen und bügeln. Vorderkanten, Halsausschnitt und die NZG des Bauchbündchens in einem Zug von rechts mit Geradstich absteppen.

11 Die Ärmelbündchen laut Grundanleitung (Seite 87) zum Ring nähen, der Länge nach l-a-l falten und einnähen.

DAMEN

IM ZEBRALOOK

...Overall

SCHWIERIGKEITSGRAD 3

GRÖSSE
XXS-S/M-L/XL-3XL

MATERIAL

- Stoff 1 (Overall): Sweatshirtstoff in Grau mit Tigermuster, 225/270/295 cm x 140 cm
- Stoff 2 (Futterkapuze): Baumwolljersey in Schwarz, 35/40/45 cm x 35 cm
- Stoff 3 (Bündchen): Bündchenware in Schwarz, 25 cm x 140 cm
- Reißverschlussmeterware plus passendem Schieber in Schwarz, 1,20 m
- Farblich passendes Nähgarn

TIPP: Dieser Overall steht auch Männern gut (siehe Seite 72-75).

SCHNITTMUSTERBOGEN 2A + 2B

NAHTZUGABEN
Alle Teile mit 1 cm NZG zuschneiden.

ZUSCHNITT
Hinweis: Die Markierung Unterkante Reißverschluss durch Knipse innerhalb der NZG übernehmen. Den Reißverschluss entsprechend Halsausschnittlänge bis Reißverschlussende zuzüglich 10 cm abmessen.

Stoff 1:

- 1x Teil „Overall Vorderteil" in doppelter Stofflage
- 1x Teil „Overall Rückenteil" in doppelter Stofflage
- 1x Teil „Overall Ärmel" in doppelter Stofflage
- 1x Teil „Overall Kapuze" in doppelter Stofflage
- 1x Teil „Overall Kapuze Mittelstreifen" im Stoffbruch

Stoff 2:

- 1x Teil „Overall Kapuze" in doppelter Stofflage
- 1x Teil „Overall Kapuze Mittelstreifen" im Stoffbruch

Stoff 3:

- 2x Teil „Overall Ärmelbündchen"
- 2x Teil „Overall Beinbündchen"

ANLEITUNG

1 Beide Rückenteile r-a-r bündig aufeinanderlegen, feststecken und die hintere Mitte schließen. Die NZG zur Seite legen und bügeln, bei Bedarf absteppen.

2 Beide Vorderteile an den Schulterkanten bündig r-a-r auf das Rückenteil legen und die Schulternähte schließen.

3 Für die Außenkapuze die Kapuzenteile jeweils r-a-r an die Seitenkanten des Mittelstreifens stecken und annähen. Die Futterkapuze ebenso nähen. Danach die Futterkapuze wenden, r-a-r in die Außenkapuze stecken und die Vorderkanten aufeinandernähen. Die Kapuze wenden und bügeln. Bei Bedarf die Vorderkante absteppen. Futter- und Außenkapuze mit großer Stichlänge innerhalb der NZG an der Unterkante heften.

4 Die Kapuze r-a-r in den Ausschnitt stecken, dabei in der hinteren Mitte beginnen. Die Kapuze endet eine NZG von der Vorderkante des Ausschnitts entfernt in der vorderen Mitte des Overalls. Die NZG in den Overall legen, bügeln und ggf. von rechts absteppen.

5 Die mittleren Vorderkanten beider Vorderteile bei Bedarf versäubern. Anschließend bündig r-a-r aufeinanderlegen und von der Spitze im Schritt bis zur Markierung Unterkante Reißverschluss mit (dreifachem) Geradstich schließen. Die restliche Vorderkante mit sehr langem Geradstich heften, dabei am Kapuzenansatz enden. Die NZG sorgfältig auseinanderbügeln.

6 Den Schieber auf den Reißverschluss fädeln und den Reißverschluss schließen. Den Schieber 5 cm öffnen, die Enden im 90°-Winkel von den Zähnchen weg zur Seite klappen und so mit Geradstich fixieren. Die Reißverschlussenden auf beiden Seiten zurückschneiden und vorsichtig mit einem Feuerzeug verschmelzen. Dabei sorgfältig darauf achten, scharfe, kratzige Kanten zu vermeiden.

7 Den Reißverschluss r-a-l mit der Vorderseite der Zähnchen exakt so hinter die Heftnaht legen, dass der Reißverschluss oben direkt am Halsausschnitt beginnt und unten die Knips-Markierungen 5 cm überragt. Den Reißverschluss mit Stylefix oder einer Heftnaht von Hand sorgfältig fixieren.

8 Danach den Reißverschluss von rechts mit Geradstich einnähen. Dabei am Halsausschnitt beginnen, nach unten nähen und den Reißverschluss an der Markierung Unterkante quer über die Steppnaht fixieren, diese Naht durch Hin- und Hernähen verstärken. Anschließend auf der Gegenseite wieder nach oben bis zum Halsausschnitt nähen. Anfang und Ende der Naht mit Rückstichen sichern. Die Heftnaht entfernen. Das untere Ende des Reißverschlusses ca. 2 cm unterhalb der Quernaht abschneiden und ebenfalls vorsichtig mit einem Feuerzeug verschmelzen.

9 Die Ärmel r-a-r mit der Armkugel in die Armausschnitte einpassen, feststecken und einnähen, Anschließend die Ärmel der Länge nach r-a-r zusammenlegen und feststecken. Vorder- und Rückenteil an den Seitenkanten bündig r-a-r aufeinanderlegen und feststecken. Die Ärmelkanten und Seitennähte vom Ärmelsaum bis zur Overall-Unterkante in einem Zug schließen. Die Schrittkanten r-a-r bündig aufeinanderlegen und die Schrittnaht schließen.

10 Die Ärmel- und Beinbündchen laut Grundanleitung (Seite 87) jeweils r-a-r zum Ring nähen, der Länge nach l-a-l ineinanderstülpen und gleichmäßig gedehnt annähen.

TIPP: Die Außenkante des Reißverschlusses mit Schrägband einfassen. Das sieht sauber aus und verhindert kratzige Enden.

BUNTE PUNKTE

... Panty

SCHWIERIGKEITSGRAD 3

GRÖSSE
XXS-S/M-L/XL-3XL

MATERIAL

- Stoff 1 (Panty): Jersey in Pink, Blau oder Mint mit weißen Pünktchen, 30/35/35 cm x 140 cm
- Farblich passendes Nähgarn
- Weiches Gummiband, 1 cm breit, 100 cm (für Varianten alternativ Rüschen- oder Wäschegummi, 2 m)

SCHNITTMUSTERBOGEN 1B

NAHTZUGABEN
Alle Teile mit 1 cm NZG, Beinsäume mit 2 cm Saumzugabe zuschneiden. Seitenkanten des äußeren Zwickels mit 2 cm Saumzugabe, Seitenkanten des inneren Zwickels ohne Saumzugabe zuschneiden. Dem Bund 1 cm für das Gummiband hinzufügen.

ZUSCHNITT
Hinweis: Die hintere und vordere Mitte der Hosenteile und Zwickel durch Knipse in die NZG aus dem Schnittmuster übernehmen.

Stoff 1:

- 1x Teil „Panty Vorderteil" im Stoffbruch
- 1x Teil „Panty Rückenteil" im Stoffbruch
- 1x Teil „Zwickel" ohne seitliche Saumzugabe (Zwickel innen)
- 1x Teil „Zwickel" mit seitlich 2 cm Saumzugabe (Zwickel außen)

ANLEITUNG

1 Zunächst Vorder- und Rückenteil über die Zwickel mit verdeckten Nähten zusammennähen: Die vordere Seite des äußeren Zwickels r-a-r und die vordere Seite des inneren Zwickels r-a-l an die Schrittkante des Vorderteils stecken. Der äußere Zwickel und das Vorderteil enden bündig, der innere Zwickel 2 cm von der Beinunterkante entfernt, die Mittelmarkierungen liegen aufeinander. Alle drei Schnittteile in einem Zug mit dreifachem Geradstich oder Elastikstich zusammennähen, danach die NZG auf 3 mm zurückschneiden.

2 Das Rückenteil ebenso zwischen die Zwickel nähen: Das Panty-Vorderteil von Hand in der Höhe einrollen und beide Zwickel um das Vorderteil herumklappen. Die hintere Seite

Video zu dieser Anleitung unter: www.topp-kreativ.de/download-center oder diesen QR-Code scannen.

des äußeren Zwickels r-a-r und die hintere Seite des inneren Zwickels r-a-l an die Schrittkante des ebenfalls aufgerollten Rückenteils stecken, die Mitten liegen wieder bündig. Sowohl Vorder- als auch Rückenteil der Panty werden von den Zwickeln umschlossen.

3 Rückenteil und Zwickel unter Einhaltung der NZG mit Geradstich zusammennähen und die NZG auf 3 mm zurückschneiden. Das Rückenteil durch die offene Seitenkante der Zwickel l-a-l wenden. Die Zwickelnähte liegen jetzt verdeckt.

4 Vorder- und Rückenteil der Panty r-a-r an den Seitenkanten bündig aufeinanderlegen, feststecken und die Seitennähte schließen.

5 Die Beinsäume der Panty 2 cm nach innen einschlagen, bügeln und mit einem sehr elastischen Stich absteppen. Der Saum des äußeren Zwickels legt sich dabei bündig um die Kante des inneren Zwickels.

6 Das Gummi auf 90 % der Bundweite plus 2 cm NZG zum Ring zusammenlegen, dabei 1 cm überlappen lassen und zusammennähen. Bund und Gummi vierteln und das Gummi laut Grundanleitung (Seite 89) in den Bund einnähen.

Varianten

Wäsche- oder Spitzengummi zaubert aus sportlichen Pantys edle Unterwäsche (siehe Seite 47). Beim Verwenden von Wäschegummi an den entsprechenden Ausschnitten eine NZG von 5 mm hinzufügen, bei Spitzengummi entfällt die NZG. Die Gummis sollten am Bund stärker, an den Beinsäumen jedoch nur sehr wenig gedehnt werden, damit sie nicht einschneiden.
Für die Pantys zunächst den Zwickel einnähen, dann die Beinsäume arbeiten (säumen oder mit Gummi versehen). Eine Seitennaht schließen, Wäsche- oder Spitzengummi an den Bund nähen. Abschließend die zweite Seitennaht schließen und für eine saubere Verarbeitung die NZG an den Säumen in Richtung Rückenteil legen und von rechts 1–2 cm breit absteppen. Dabei die Gummis wie folgt annähen:
Wäschegummi r-a-r gedehnt so auf die NZG stecken, dass die Oberkante des Gummis nach unten weist. Das gedehnte Gummi mit Zickzackstich feststeppen. Anschließend die Innenseite so umschlagen, dass nur noch die dekorative Oberkante zu sehen ist, und die NZG von rechts mit einfachem oder dreigeteiltem Zickzackstich feststeppen.
Spitzengummi etwa 5 mm überlappend l-a-r regelgerecht gedehnt auf die rechte Stoffseite der Pantysäume mit Zickzackstich (einfach oder dreigeteilt) steppen.

LIEBLINGSSTÜCK

...Schmales Damenshirt

SCHWIERIGKEITSGRAD 1

GRÖSSE
XXS-S/M-L/XL-3XL

MATERIAL

- Stoff 1 (Shirt und Halsbündchen): Baumwolljersey in Melange, 80/100/110 cm x 140 cm (kurze Ärmel), 100/125/140 cm x 140 cm (dreiviertellange Ärmel), 130/140/150 cm x 140 cm (lange Ärmel)
- Farblich passendes Nähgarn

SCHNITTMUSTERBOGEN 2B

NAHTZUGABEN
Alle Teile mit 1 cm NZG, Halsausschnitt ohne NZG und Säume an Ärmeln und Körper mit 3 cm Saumzugabe zuschneiden.

ZUSCHNITT

Stoff 1:

- 1x Teil „Damenshirt Vorderteil" im Stoffbruch
- 1x Teil „Damenshirt Rückenteil" im Stoffbruch
- 1x Teil „Damenshirt Ärmel" in doppelter Stofflage
- 1x Einfassstreifen Halsausschnitt, 4 cm x 80 % der Halsausschnittweite (Überstand zurückschneiden)

TIPP: Das Shirt eignet sich hervorragend, um Plottmotive anzubringen. Auf der Internetseite des Verlags (siehe Seite 112) können die abgebildeten Motive für haushaltsübliche Schneideplotter heruntergeladen werden.

ANLEITUNG

1 Vorder- und Rückenteil r-a-r an den Schulterkanten bündig aufeinanderlegen und die erste Schulternaht schließen.

2 Den Halsausschnitt laut Grundanleitung (Seite 93) leicht gedehnt unten offen einfassen oder den Einfassstreifen für den Halsausschnitt der Länge nach l-a-l falten und den gefalteten Bündchenstreifen laut Grundanleitung (Seite 92) annähen. Den Überstand zurückschneiden. Die zweite Schulterkante r-a-r bündig zusammenlegen, die Einfassung mit einigen Geradstichen gegen ein Verrutschen sichern und die Schulternaht schließen.

3 Die Ärmel r-a-r mit der Armkugel in die Armausschnitte einpassen, feststecken und einnähen. Die Ärmel der Länge nach r-a-r zusammenlegen und feststecken. Vorder- und Rückenteil an den Seitenkanten bündig r-a-r legen und aneinanderstecken. Die Seitennähte in einem Zug vom Ärmelsaum bis zur Körperunterkante schließen.

TIPP: Bei diesem schmalen Damenshirt stehen drei Ärmellängen zur Auswahl. Wähle hier ganz nach Geschmack zwischen kurzen, dreiviertel- und langen Ärmeln. Alle drei Varianten werden wie in der Anleitung beschrieben verarbeitet.

4 Die Säume an Ärmeln und Unterkante des Shirts 3 cm nach innen einschlagen, bügeln und von rechts mit einem dehnbaren Stich absteppen.

TIPP: Beim Nähen mit der Covermaschine oder je nach Geschmack bietet es sich an, die Ärmelsäume vor dem Schließen der Seitennähte zu nähen. Anschließend die NZG am Saum zur Rückseite legen und von rechts mit Geradstich feststeppen.

#nähliebe
#nähliebe
nähliebe

OVER THE RAINBOW

...Leggings

SCHWIERIGKEITSGRAD 1

GRÖSSE
XXS-S/M-L/XL-3XL

MATERIAL

- Stoff 1 (Leggings): Jersey in Bunt gestreift, 110/110/120 cm x 140 cm
- Farblich passendes Nähgarn
- Weiches Gummiband, 2 cm breit, 100 cm

SCHNITTMUSTERBOGEN 1A

NAHTZUGABEN
Alle Teile mit 1 cm NZG zuschneiden. Dem Bein 3 cm Saumzugabe und dem Hosenbund 2 cm für das Gummiband hinzufügen.

ZUSCHNITT

Stoff 1:

- 1x Teil „Leggings Hosenbein" in doppelter Stofflage

ANLEITUNG

1 Die Leggings laut Grundanleitung (Hose ohne Seitennaht, Seite 108) nähen: Das erste Hosenbein r-a-r an der Innenbeinnaht bündig im Fadenlauf zusammenfalten und die Innenbeinnaht schließen. Mit dem zweiten Bein ebenso verfahren. Ein Hosenbein wenden, r-a-r bündig in das zweite stecken und entlang der Schrittnaht zusammennähen. Das erste Hosenbein wieder herausziehen.

2 Das Gummiband auf 90% der Bundweite plus 2 cm NZG abmessen. Das Gummi 2 cm überlappend zum Ring nähen. Bund und Gummi vierteln und das Gummi laut Grundanleitung (Seite 89) in den Bund einnähen.

3 Die Beinsäume 3 cm nach innen einschlagen, bügeln und von rechts mit einem dehnbaren Stich absteppen.

Variante

Für eine sommerliche Dreiviertel-Leggings (siehe Seite 49) das Schnittmuster an der entsprechenden Linie gekürzt vom Schnittbogen übernehmen. Der Stoffverbrauch beträgt für diese Beinlänge 90/90/95 cm x 140 cm. Die Leggings wie beschrieben nähen.

RUCK, ZUCK FERTIG

...Simples Shirt

SCHWIERIGKEITSGRAD 1

GRÖSSE
XXS-S/M-L/XL-3XL

MATERIAL

- Stoff 1 (T-Shirt und Halsbündchen): Viskosejersey in Blau, Mint, Schwarz oder Grau mit Dreiecken, 80/100/160 cm x 140 cm
- Farblich passendes Nähgarn

SCHNITTMUSTERBOGEN 1B

NAHTZUGABEN
Alle Teile mit 1 cm NZG zuschneiden. Ärmelsaum und T-Shirt-Unterkante mit 2 cm Saumzugabe, Halsausschnitt ohne NZG zuschneiden.

ZUSCHNITT

Stoff 1:

- 1x Teil „Simples Shirt Vorderteil" im Stoffbruch
- 1x Teil „Simples Shirt Rückenteil" im Stoffbruch
- 1x Halsbündchen, 4 cm x 80 % der Halsausschnittweite

ANLEITUNG

1 Vorder- und Rückenteil des Shirts r-a-r an den Schulter- und Seitenkanten bündig aufeinanderlegen, feststecken und zusammennähen.

2 Das Halsbündchen laut Grundanleitung (Seite 87) einnähen: Das Bündchen r-a-r zum Ring nähen, der Länge nach l-a-l auf halbe Höhe (2 cm) falten, in den Ausschnitt stecken und gleichmäßig gedehnt einnähen. Nach Bedarf die NZG in das Shirt legen und anschließend von rechts mit einem dehnbaren Stich absteppen.

3 Die Säume an den Ärmeln und der T-Shirt-Unterkante jeweils 2 cm nach innen einschlagen, sorgfältig bügeln und von rechts mit einem dehnbaren Stich absteppen.

TRAUMHAFT LEICHT

... Drehrock mit Bündchen

SCHWIERIGKEITSGRAD 1

GRÖSSE
XXS-S/M-L/XL-3XL

MATERIAL

- Stoff 1 (Rock): Viskose-jersey in Rot, Grün, Schwarz oder Jeansblau mit weißen Punkten, 100/110/115 cm x 140 cm
- Stoff 2 (Bündchen): Feinstrickbündchen in Rot, Grün, Schwarz, Jeansblau, 20 cm x 140 cm
- Farblich passendes Nähgarn

SCHNITTMUSTERBOGEN 1A

NAHTZUGABEN
Alle Teile mit 1 cm NZG und Saum mit 3 cm Saumzugabe zuschneiden.

ZUSCHNITT

Stoff 1:

- 2x Teil „Rock" im Stoffbruch

Stoff 2:

- 1x Teil „Rock Bündchen" im Stoffbruch

ANLEITUNG

1. Beide Rockteile an den Seitenkanten bündig r-a-r aufeinanderlegen und die Seitennähte schließen.

2. Das Bündchen r-a-r zusammenlegen und an den kurzen, offenen Kanten zum Ring schließen. Den Bündchenring der Länge nach l-a-l auf halbe Höhe falten, in den Bund stecken und laut Grundanleitung (Seite 87) gleichmäßig gedehnt einnähen.

3. Den Saum 3 cm nach innen einschlagen, gut bügeln und von rechts absteppen.

TIPP: Die Säume ausgestellter Röcke lassen sich leichter umlegen, wenn die Unterkante eingehalten und ihre Länge auf diese Weise angepasst wird. Dazu an der Kante mit langem Geradstich und verringerter Fadenspannung oder mit der Overlock und erhöhtem Differential nähen und so den Stoff ganz leicht raffen.

nähliebe

FÜR SPORTIVE

...Blouson

SCHWIERIGKEITSGRAD 3

GRÖSSE
XXS-S/M-L/XL-3XL

MATERIAL

- Stoff 1 (Außenjacke): Sweatshirtstoff in Grau, 120/125/135 cm x 140 cm
- Stoff 2 (Innenjacke und Taschen): Jersey in Schwarz mit weißen Punkten, 120/125/135 cm x 140 cm
- Stoff 3 (Bündchen): Feinstrickbündchen in Schwarz, 35 cm x 140 cm
- Bügeleinlage (z.B. Vlieseline G710), 60 cm x 20 cm
- Farblich passendes Nähgarn
- Teilbarer (Metall-)Reißverschluss in Schwarz, entsprechend Länge Vorderkante plus Bauchbündchen
- Evtl. Stylefix zum Fixieren des Reißverschlusses
- Patches zum Verzieren nach Belieben

SCHNITTMUSTERBOGEN 2A

NAHTZUGABEN
Alle Teile mit 1 cm NZG, Bügeleinlage ohne NZG zuschneiden.

ZUSCHNITT
Hinweis: Mit Trickmarker die Position der Eingrifftaschen aus dem Schnittmuster auf die rechte Stoffseite des Vorderteils der Außenjacke und die linke Stoffseite des oberen Taschenbeutels übernehmen.

Stoff 1:

- 1x Teil „Blouson Vorderteil" in doppelter Stofflage
- 1x Teil „Blouson Rückenteil" im Stoffbruch
- 1x Teil „Blouson Ärmel" in doppelter Stofflage
- 1x Teil „Blouson Taschenbeutel unten" in doppelter Stofflage
- 1x Teil „Blouson Saumecke"

Stoff 2:

- 1x Teil „Blouson Vorderteil" in doppelter Stofflage
- 1x Teil „Blouson Rückenteil" im Stoffbruch
- 1x Teil „Blouson Ärmel" in doppelter Stofflage
- 1x Teil „Blouson Taschenbeutel oben" in doppelter Stofflage

Stoff 3:

- 2x Teil „Blouson Leiste"
- 2x Teil „Blouson Ärmelbündchen"
- 1x Teil „Blouson Kragen"
- 1x Teil „Blouson Saumbündchen" im Stoffbruch

Bügeleinlage:

- 2x Verstärkung Tascheneingriff, entsprechend Öffnung plus 1 cm NZG
- 4x Verstärkung Vorderkante, 3 cm x Länge Reißverschluss

ANLEITUNG

1 Die Leistentaschen laut Grundanleitung (Seite 99/100) in die Vorderteile der Außenjacke nähen.

2 Für die Außenjacke die beiden Vorderteile an den Schulterkanten bündig r-a-r auf das Rückenteil legen und die Schulternähte schließen.

3 Die Ärmel r-a-r mit der Armkugel in die Armausschnitte einpassen, feststecken und einnähen. Die Ärmel der Länge nach r-a-r zusammenlegen und feststecken. Vorderteile und Rückenteil an den Seitenkanten bündig r-a-r legen und aneinanderstecken. Die Seitennähte in einem Zug vom Ärmelsaum bis zur Körperunterkante schließen.

4 Die Innenjacke ebenso zusammensetzen, dabei in einer Seitennaht eine Wendeöffnung von ca. 8 cm offen lassen.

5 Die Ärmelbündchen laut Grundanleitung (Seite 87) r-a-r zum Ring nähen, der Länge nach l-a-l auf halbe Höhe falten, r-a-r gleichmäßig gedehnt in die Ärmelsäume der Außenjacke stecken und mit langem Geradstich heften.

6 Den Kragen der Länge nach l-a-l auf halbe Höhe zusammenfalten und bügeln. Leicht gedehnt bündig in den Halsausschnitt der Außenjacke stecken und zunächst mit langem Geradstich heften.

7 Die Saumecken jeweils r-a-r an die kurzen Seiten des Saumbündchens stecken und annähen. Das Saumbündchen mit jeweils einer langen Seite gleichmäßig gedehnt r-a-r an die Unterkanten von Außen- und Innenjacke stecken und annähen. Jeweils eine Bügeleinlagen-Verstärkung beidseits auf die linke Stoffseite der Vorderkanten der Innen- und Außenjacke bügeln.

8 Die Innenjacke r-a-r in die Außenjacke stecken: Jetzt liegen der Halsausschnitt und die Vorderkanten bündig aufeinander, der Kragen zwischen den Jacken und das Saumbündchen ist der Länge nach halbiert r-a-r zusammengefaltet. Dann die Halsausschnitte zusammennähen, dabei den Kragen sehr sorgfältig zwischenfassen.

9 Den Reißverschluss in die offene vordere Mitte einnähen. Dazu die Jacke aufklappen, den Reißverschluss teilen, nach Bedarf mit Stylefix versehen und beidseits r-a-r bündig an die Vorderkante der Außenjacke kleben. Alternativ den Reißverschluss von Hand heften. Die Innen- und Außenjacke wieder bündig aufeinanderlegen und die Vorderkanten jeweils mit Geradstich schließen, dabei den Reißverschluss zwischenfassen.

10 Die Ärmel an der noch auf links gedrehten Jacke nicht ineinanderstecken, sondern seitlich so um die Jacke herum Stoß auf Stoß aufeinander zu führen, dass die Ärmelsäume wie küssende Rüssel aufeinandertreffen. Die NZG ringsherum r-a-r aufeinanderstecken und zusammennähen, dabei das Bündchen zwischenfassen.

11 Die Jacke durch die Wendeöffnung wenden und gut bügeln. Die Wendeöffnung laut Grundanleitung (Seite 105) von Hand schließen, den Blouson gut bügeln und danach Vorderkanten, Kragen und Saum in einem Zug absteppen.

12 Die Patches nach Bedarf platzieren und durch Aufbügeln, mit Sprühzeitkleber und von Hand zusätzlich fixieren.

TIPP: Alternativ können die Patches direkt nach dem Zusammennähen der Außenjacke mit der Maschine aufgenäht werden.

DAS MACHT ALLES MIT!

...Longhoodie

SCHWIERIGKEITSGRAD 2

GRÖSSE
XXS-S/M-L/XL-3XL

MATERIAL

- Stoff 1 (Longhoodie): Sweatshirtstoff in Grau mit Punkten, 145/150/190 cm x 140 cm
- Stoff 2 (Taschenbeutel oben, Futter Wickelkragen): Jersey in Mint, 30 cm x 120 cm
- Stoff 3 (Bündchen): Feinstrickbündchen in Mint, 40 cm x 140 cm
- SnapPap, 5 cm x 10 cm
- Bügeleinlage (z.B. Vlieseline G710), 4 cm x 15 cm
- Farblich passendes Nähgarn

SCHNITTMUSTERBOGEN 1A+1B

NAHTZUGABEN
Alle Teile mit 1 cm NZG zuschneiden.

ZUSCHNITT
Hinweis: Mit Schneiderkreide oder Trickmarker die Position der Eingrifftaschen aus dem Schnittmuster auf die rechte Stoffseite des Vorderteils und die linke Stoffseite des oberen Taschenbeutels übernehmen. Die vordere Mitte des Wickelkragens durch einen Knips in die NZG aus dem Schnittmuster übernehmen.

Stoff 1:

- 1x Teil „Longhoodie Vorderteil" im Stoffbruch
- 1x Teil „Longhoodie Rückenteil" im Stoffbruch
- 1x Teil „Longhoodie Ärmel" in doppelter Stofflage
- 1x Teil „Longhoodie Tasche unten" in doppelter Stofflage
- 1x Teil „Longhoodie Wickelkragen" im Stoffbruch

Stoff 2:

- 1x Teil „Longhoodie Tasche oben" in doppelter Stofflage
- 1x Teil „Longhoodie Wickelkragen" im Stoffbruch

Stoff 3:

- 2x Teil „Longhoodie Ärmelbündchen"
- 1x Teil „Longhoodie Saumbündchen" im Stoffbruch

SnapPap:

- 4x Teil Dreieck

Bügeleinlage:

- 2x Verstärkung Tascheneingriff, entsprechend Öffnung plus 1 cm NZG

ANLEITUNG

1. Die eingesetzten Fronttaschen als einfache Eingrifftaschen laut Grundanleitung (Seite 101) in das Vorderteil nähen.

2. Vorder- und Rückenteil r-a-r an den Schulterkanten bündig aufeinanderlegen und die Schulternähte schließen.

3. Die Ärmel r-a-r mit der Armkugel in die Armausschnitte einpassen, feststecken und einnähen. Die Ärmel der Länge nach r-a-r zusammenlegen und feststecken. Vorder- und Rückenteil an den Seitenkanten bündig r-a-r legen und aneinanderstecken. Die Seitennähte in einem Zug vom Ärmelsaum bis zur Unterkante des Longhoodies schließen.

4. Die Ärmelbündchen und das Saumbündchen laut Grundanleitung (Seite 87) r-a-r zum Ring nähen, der Länge nach l-a-l auf halbe Höhe falten, r-a-r in die Ärmelsäume und an den Saum stecken und gleichmäßig gedehnt annähen.

5. Beide Kragenteile r-a-r bündig aufeinanderlegen und die Oberkante zusammennähen, anschließend wenden und bügeln. Den gedoppelten Kragen so überlappend zum Ring zusammenlegen, dass der Futterstoff des oben liegenden Kragenteils auf den Außenstoff der unten liegenden Seite trifft und die Knipse bündig übereinanderliegen. Die Überlappung an der Unterkante mit Geradstich innerhalb der NZG heften. Den Kragen mit dem Außenstoff r-a-r so in den Halsausschnitt stecken, dass die Knipse auf die vordere Mitte des Hoodies treffen, und einnähen.

Variante

Für einen Damenhoodie mit Wickelkapuze und Bauchtasche das Schnittmuster entlang der eingezeichneten Linie kürzer zuschneiden. Der Stoffverbrauch beträgt hier für die Größen XXS-S/M-L/XL-3XL 110/120/140 cm x 140 cm.

Die Bauchtasche laut Grundanleitung (Seite 98) vorbereiten und bündig zur Unterkante mittig auf das Hoodie-Vorderteil stecken und aufnähen. Den Hoodie wie beschrieben fertigstellen, die Wickelkapuze wie in der Anleitung auf Seite 23, Punkt 7 arbeiten.

TIPP: **Das passende Plottermotiv für gängige Haushaltsplotter können Sie von der Internetseite des Verlags herunterladen (siehe Seite 112), plotten und anschließend laut Grundanleitung (Seite 104) aufbügeln.**

SCHLICHT & KUSCHLIG

...Hoodiemantel für Sie

SCHWIERIGKEITSGRAD 3

GRÖSSE
XXS-S/M-L/XL-3XL

MATERIAL

- Stoff 1 (Hoodiemantel): Sweatshirtstoff in Schwarz, 160/175/200 cm x 140 cm
- Stoff 2 (Taschenbeutel oben, Futter Kapuze, Belege): Jersey in Schwarz mit weißen Punkten, 80/85/95 cm x 140 cm
- Stoff 3 (Bündchen): Feinstrickbündchen in Schwarz, 35 cm x 140 cm
- SnapPap, 5 cm x 10 cm
- Bügeleinlage (z.B. Vlieseline G710), 8 cm x 15 cm
- Hoodieband in Schwarz-Weiß, 100 cm
- Farblich passendes Nähgarn
- Teilbarer Reißverschluss in Schwarz, entsprechend der Länge der Vorderkante

SCHNITTMUSTERBOGEN 1A+1B

NAHTZUGABEN
Alle Teile mit 1 cm NZG zuschneiden.

ZUSCHNITT
Hinweis: Mit Schneiderkreide oder Trickmarker die Position der Eingrifftaschen aus dem Schnittmuster auf die rechte Stoffseite des Vorderteils und die linke Stoffseite des oberen Taschenbeutels übernehmen.

Stoff 1:

- 1x Teil „Longhoodie Vorderteil" in doppelter Stofflage
- 1x Teil „Longhoodie Rückenteil" im Stoffbruch
- 1x Teil „Longhoodie Ärmel" in doppelter Stofflage
- 1x Teil „Longhoodie Tasche unten" in doppelter Stofflage
- 1x Teil „Longhoodie Kapuze" in doppelter Stofflage
- 1x Teil „Longhoodie Kapuze Mittelstreifen" im Stoffbruch

Stoff 2:

- 1x Teil „Longhoodie Tasche oben" in doppelter Stofflage
- 1x Teil „Longhoodie Kapuze" in doppelter Stofflage
- 1x Teil „Longhoodie Kapuze Mittelstreifen" im Stoffbruch

Stoff 3:

- 2x Teil „Longhoodie Ärmelbündchen"
- 1x Teil „Longhoodie Saumbündchen" im Stoffbruch

SnapPap:

- 4x Teil Dreieck

Bügeleinlage:

- 2x Verstärkung Tascheneingriff, entsprechend Öffnung + 1 cm NZG
- 2x Streifen, 3 cm x Länge Vorderteil
- 1x Teil „Longhoodie Beleg" in doppelter Stofflage

ANLEITUNG

Den Hoodiemantel entsprechend der Anleitung zur Hoodiejacke für Herren (Seite 36) aus dem Schnittmuster „Longhoodie" nähen. Dabei auf die Bauchtasche verzichten und stattdessen die eingesetzten Fronttaschen als einfache Eingrifftaschen laut Grundanleitung (Seite 99) in das Vorderteil nähen. Statt Ösen an entsprechend verstärkten Positionen Knopflöcher nähen. Den Hoodiemantel wie auf Seite 38/39 beschrieben zusammennähen und fertigstellen.

Video zu dieser Anleitung unter: www.topp-kreativ.de/downloadcenter oder diesen QR-Code scannen.

Variante

Für eine klassische, jedoch taillierte Kapuzenjacke für Damen das Schnittmuster und den Beleg zum Longhoodie auf Jackenlänge kürzen, statt der Eingrifftaschen eine Bauchtasche arbeiten (siehe Hoodiejacke für Herren Seite 36) und wie in der Anleitung beschrieben fertigstellen.

SCHÖN IN PUNKTEN

...Skaterkleid

SCHWIERIGKEITSGRAD 1

GRÖSSE
XXS-S/M-L/XL-3XL

MATERIAL

- Stoff 1 (Kleid): Baumwolljersey in Oliv, Pink oder Schwarz mit weißen Pünktchen, 150/170/200 cm x 140 cm (kurze Ärmel), 170/190/210 cm x 140 cm (dreiviertellange Ärmel), 180/190/240 cm x 140 cm (lange Ärmel)
- Farblich passendes Nähgarn

SCHNITTMUSTERBOGEN 1A + 2B

NAHTZUGABEN
Alle Teile mit 1 cm NZG, Ärmel- und Rocksaum mit 3 cm Saumzugabe und Halsausschnitt ohne NZG zuschneiden.

ZUSCHNITT
Hinweis: Das Damenshirt als Oberteil des Kleides an der eingezeichneten Linie in der passenden Größe gekürzt abpausen.

Stoff 1:

- 1x Teil „Damenshirt Vorderteil" im Stoffbruch
- 1x Teil „Damenshirt Rückenteil" im Stoffbruch
- 1x Teil „Damenshirt Ärmel" in doppelter Stofflage
- 2x Teil „Skaterkleid Rock" im Stoffbruch

Stoff 2:

- 1x Halsbündchen, 4 cm x 80 % der Halsausschnittweite

Anleitung

1 Ein Rockteil r-a-r an die Unterkante des vorderen Oberteils legen, feststecken und beide Teile zusammennähen. Mit dem zweiten Rockteil und dem hinteren Oberteil ebenso verfahren.

TIPP: Bei größerer Oberweite Framilongummi als Verstärkung des Rockansatzes mitfassen.

2 Vorder- und Rückenteil r-a-r an den Schulterkanten bündig aufeinanderlegen und danach die Schulternähte schließen.

3 Das Halsbündchen laut Grundanleitung (Seite 87) einnähen: Das Bündchen r-a-r zum Ring zusammennähen, der Länge nach l-a-l auf halbe Höhe falten, in den Ausschnitt stecken und gleichmäßig gedehnt einnähen. Nach Belieben die NZG in das Kleid legen und von rechts mit einem sehr dehnbaren Stich absteppen.

4 Die Ärmel r-a-r mit der Armkugel in die Armausschnitte einpassen, feststecken und einnähen. Die Ärmel der Länge nach r-a-r zusammenlegen und feststecken. Vorder- und Rückenteil an den Seitenkanten bündig r-a-r legen und aneinanderstecken. Die Seitennähte in einem Zug vom Ärmelsaum bis zur Kleidunterkante schließen.

TIPP: Bei diesem Kleid stehen drei Ärmellängen zur Auswahl. Wähle ganz nach Geschmack zwischen kurzen, dreiviertel- und langen Ärmeln. Alle drei Varianten werden wie in der Anleitung beschrieben verarbeitet.

5 Die Säume an Ärmeln und Rock 3 cm nach innen einschlagen, bügeln und von rechts mit einem dehnbaren Stich absteppen.

Hinter der Kulisse

Die Autorin

Die Assistentin
und gute Fee

Klimpergroßes Model

...noch ein Klimpergroßes

...noch eins

…und noch eins

Klimperkleine Models

Die Visagistin

Der Fotograf

Die Produktmanagerin

Die Kinderbetreuung

GRUNDANLEITUNG

JERSEY – WAS IST DAS?

Jersey, auch als T-Shirtstoff bekannt, ist ein Stoff, der nicht gewebt, sondern in Maschen gewirkt bzw. gestrickt wird – anders als die im Allgemeinen als Baumwollstoffe bekannten Webstoffe.

Jersey und andere Maschenwaren sind weich und dehnbar und bieten damit einen hohen Tragekomfort. Sie eignen sich bestens für Kinderkleidung, aber auch für bequeme Lieblingsstücke für Erwachsene.

In der Regel sind gestrickte Stoffe in der Breite dehnbar, Stretchjersey bis zu einem gewissen Maß auch in der Länge. Anders als bei Webstoffen spricht man bei Jersey nicht vom Fadenlauf, sondern vom Maschenlauf. Damit ist die Richtung gemeint, in der der Stoff gestrickt wurde. Der Maschenlauf verläuft parallel zur Seitenkante und ist beim korrekten Zuschnitt von großer Bedeutung, damit sich das fertige Kleidungsstück in der richtigen Richtung (senkrecht zum Maschenlauf) dehnen lässt.

Im Unterschied zu gewebten Stoffen müssen Jerseystoffe und andere Maschenwaren beim Nähen nicht versäubert werden. Die Kanten ribbeln nach dem Schneiden nicht auf und können daher unversäubert zusammengenäht werden.

Verschiedene Stoffarten

Je nach Stricktechnik und Maschenbild auf der Vorderseite (rechte Stoffseite) und auf der Stoffrückseite (linke Stoffseite) unterscheidet man zwischen verschiedenen Stoffarten. Die gängigsten davon sind:

1 **Singlejersey/Trikot** mit rechten Maschen auf der rechten Stoffseite und linkem Maschenbild auf der Stoffrückseite, oft als Stretchjersey mit Elasthananteil,

2 **Interlock** mit rechten Maschen auf beiden Seiten,

3 **Sweatshirtstoff,** ähnlich wie Singlejersey mit rechten Maschen auf der Vorderseite und Schlingen (3a) oder angerauter Oberfläche (1A) auf der linken Stoffseite,

4 **Nickystoff** mit weichem Flor und rechten Maschen auf der Rückseite,

5 **Stretchfrottee,** ähnlich wie Nicky, nur mit Schlaufen statt Flor,

6 **Fleece,** ein verfilztes Gestrick aus Polyester,

7 **Bündchenware,** also fein (7a) oder grob gerippter (7b) Strickstoff mit einem eher hohen Elasthananteil von 5 bis 10 % für Abschlüsse an Hals und Saum.

Jersey und **Interlock** bestehen meist aus Baumwollfasern, denen bisweilen beispielsweise Elasthan beigemischt ist, um ihre Dehnbarkeit und Formstabilität zu erhöhen (**Stretchjersey, Bündchenware**). Vor allem bei Damenbekleidung findet man auch häufig Jerseystoffe aus Viskose, synthetisch hergestellten Bambusfasern.

Nicky, Sweat und **Frottee** haben meist einen Polyesteranteil (oft 20 %), **Fleecestoffe** bestehen für gewöhnlich zu 100 % aus Polyester.

Neben der Materialzusammensetzung unterscheiden sich die Stoffe vor allem im Gewicht. Das Gewicht gibt Aufschluss über die Dicke des Stoffes, die wiederum dessen Einsatzgebiet bestimmt. So eignen sich schwerere Stoffe wie angerauter Sweat gut für Pullis, Hosen und Jacken, Stretchjersey hingegen ist für T-Shirts optimal.

2
1
6
3a
4
1A
5
7a
7b

JERSEY NÄHEN MIT DER NORMALEN NÄHMASCHINE

Jersey zu verarbeiten gelingt auch dem ungeübten Näher mit einer einfachen Haushaltsmaschine, wenn einige wichtige Dinge berücksichtigt werden.

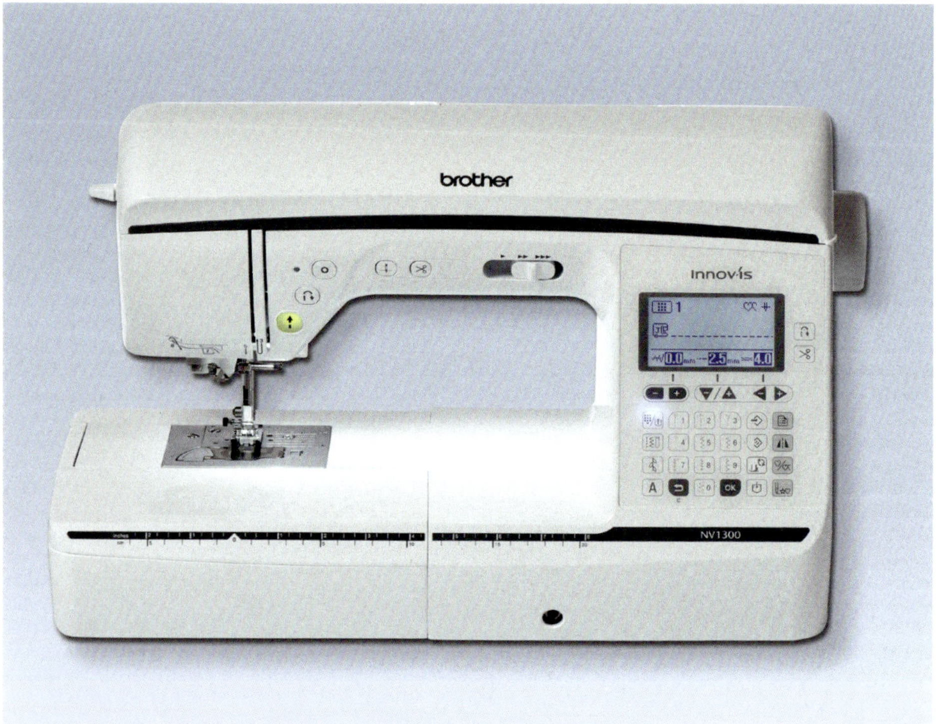

Die richtige Nadel

Zunächst sollte man für ein sauberes Stichbild unbedingt eine **Jerseynadel** mit 75-90er Stärke verwenden. Sie hat eine abgerundete Kugelspitze und sticht so zwischen den Maschen ein, dass sie nicht verletzt werden. Je nach Hersteller sind Nadeln mit runder Spitze im Handel auch unter der Bezeichnung **Stretchnadel** erhältlich.

Eine feine Jerseynadel mit maximal 80er Stärke vermindert zudem das „Fressen" von Stoff, bei dem der Jersey vor allem zu Nahtbeginn in das Loch der Stichplatte gedrückt und nach unten gezogen wird.

Der richtige Stich

Die Stichauswahl der Nähmaschine hängt stark vom Modell ab. Grundsätzlich gilt, dass die Stichauswahl mit steigendem Preis der Maschine größer wird. Doch über die Grundstiche Geradstich und Zickzackstich verfügt jede zeitgemäße Nähmaschine und diese beiden Stiche reichen prinzipiell auch aus.

Wichtig beim Nähen von Jerseystoffen ist die Elastizität der Naht – besonders da, wo der Stoff beim Anziehen oder Tragen stark gedehnt wird, zum Beispiel am Halsausschnitt oder an den Säumen.

Je nach Verfügbarkeit eignen sich folgende Stiche für verschiedene Einsatzgebiete:

Der **Geradstich** (1) ist beim Nähen von Jersey nicht so wichtig wie beim Verarbeiten von Webware. Denn Geradstichnähte sind nur wenig dehnbar. Trotzdem kann im Maschenlauf auch mit Geradstich genäht werden, beispielsweise beim Nähen von Bündchen zum Ring. Außerdem eignet sich der Geradstich für Steppnähte, die entweder wenig unter Spannung stehen (bei Applikationen, aufgesetzten Taschen) oder auf bereits gedehntem Stoff gearbeitet werden (bei Einfassungen).

Über einen **Zickzackstich** (2) verfügt nahezu jede Nähmaschine. Beim Zusammennähen sollte eine kurze Stichlänge gewählt werden, weil sich sonst aufgrund des Zickzackverlaufes des Stichs Lücken in der Naht bilden – umso mehr, je weiter die Einstichpunkte der Zickzacknaht auseinanderliegen. Gewünscht ist ein eher schmaler Zickzackstich mit Zacken, deren Spitzen 2 bis 3 mm Abstand zueinander haben. Grundsätzlich gilt dabei: Je flacher der Zickzackverlauf, desto weniger dehnbar ist die Naht.

Im mäßig spitzen Winkel ermöglicht der Zickzackstich dehnbare Säume oder Steppnähte, und besonders eng eingestellt werden mit ihm Rollsäume gearbeitet. Auch zum Applizieren ist dieser Stich sehr wichtig.

Vor allem zum Säumen und Absteppen von dehnbaren Stoffen eignet sich der **dreigeteilte Zickzackstich** (3). Diese Nähte bleiben besonders dehnbar und überstehen problemlos selbst eine weniger pflegliche Behandlung durch Kleinkinder. Kurz eingestellt, können mit diesem Stich Nähstücke auch zusammengenäht werden.

Der **Elastikstich** (4) verläuft in eher längsgerichteten Zacken – immer vor und zurück nebeneinander. Die Nähte sind schmal und elastisch und damit sowohl zum Zusammennähen als auch für Steppnähte gut geeignet.

Der **dreifache Geradstich** (5) hat eine geringe Elastizität und eine hohe Reißfestigkeit, eignet sich also besonders für Nähte, die große Belastungen aushalten müssen. Die Naht ist sehr dicht und bildet auch bei Zug keine Lücken. Mit dem dreifachen Geradstich lässt sich zudem sehr gut und haltbar Jersey applizieren.

Da durch Elastikstich und dreifachen Geradstich schmale Nähte entstehen, lassen sich die Nahtzugaben bei ihnen stark zurückschneiden. So werden bei Bündchen, Mützen und gedoppelt Genähtem besonders flache Nähte möglich, die weder drücken noch auftragen.

Pseudo-Overlockstiche (6 + 7) gibt es in verschiedenen Ausführungen. Sie nähen in einem Arbeitsgang zusammen und versäubern auch zugleich, dabei bleiben die Nähte elastisch. Das ähnelt der Arbeitsweise einer Overlockmaschine (siehe Seite 83).

Ein professionelles Aussehen bekommt Kleidung, wenn man beim Absteppen und Säumen zur **Zwil-**

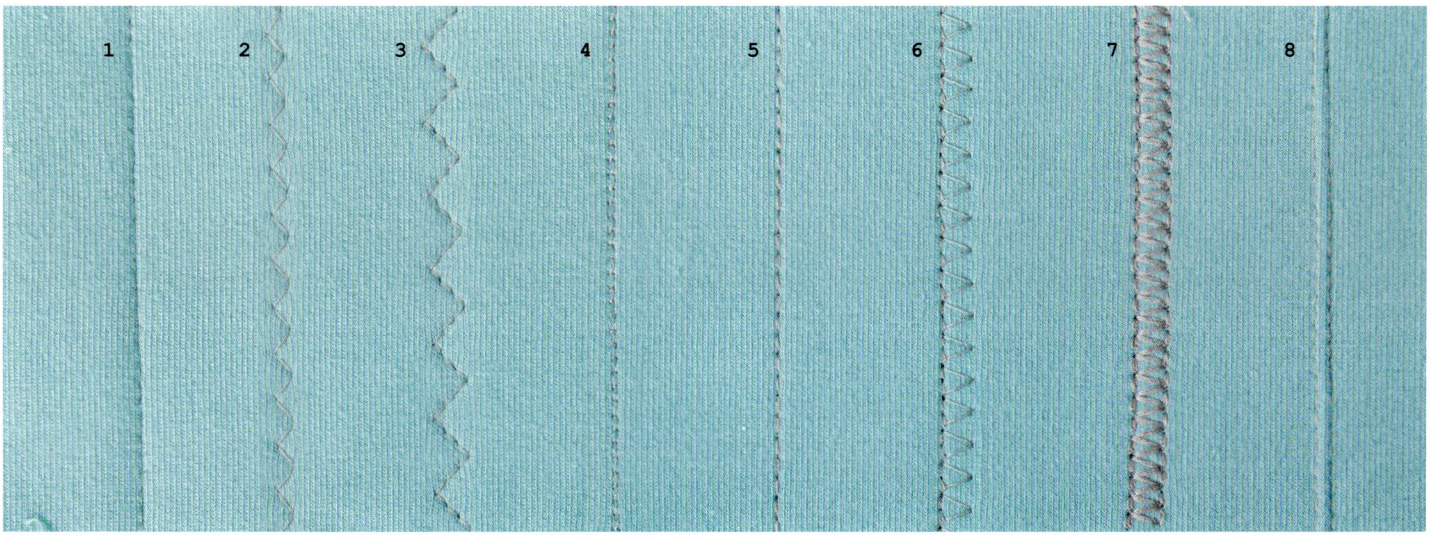

lingsnadel (8) greift. Die Nadeln nähen mit 2 Oberfäden im Geradstich, während der Unterfaden auf der Rückseite im Zickzackstich verläuft. So entstehen zwei akkurat parallel verlaufende, dehnbare Nähte. Dabei sind oft Adaptionen der Fadenspannung nötig, da der Unterfaden wirklich im Zickzack verlaufen muss. Das lässt sich meist durch eine Erhöhung der Oberfadenspannung erreichen.

Häufige Probleme vermeiden

Beim Nähen von Jersey treten gelegentlich einige Schwierigkeiten auf, die sich jedoch mit ein paar kleinen Tricks leicht umgehen lassen.

Das häufigste Problem beim Verarbeiten von dehnbarer Maschenware ist, dass sich die **Nähte unschön wellen.** Vor allem beim Absteppen ist das häufig zu beobachten. Ursache dafür ist, dass der Stoff beim Nähen gedehnt wird. Deshalb ist es sehr wichtig, den Stoff nur vorsichtig unter der Maschine zu führen und auf keinen Fall zu ziehen. Besitzt die Maschine einen verstellbaren Nähfußdruck, sollte man ihn am besten stark reduzieren. So wird von oben weniger Druck auf den Stoff ausgeübt.

Auch ein zuverlässiger Transport ist essenziell. Ein **Obertransportfüßchen,** das es für die meisten handelsüblichen Maschinen als Zubehör gibt, kann dabei von großem Nutzen sein.

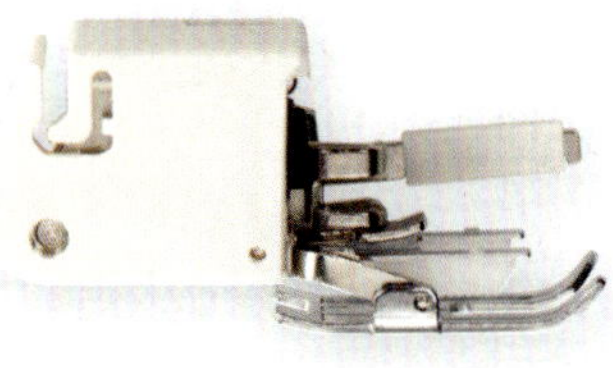

Alternativ hilft es, ein Stück **ausreißbares Stickvlies** zuunterst mitlaufen zu lassen. Der Transporteur der Maschine kann so besser greifen, der Stoff wird stabilisiert und vor dem Ausdehnen bewahrt. Das Vlies wird anschließend wieder entfernt. Ist kein Stickvlies zur Hand, hilft auch ein Stück **Küchenrolle.** Diese Hilfsmittel kommen auch bei Applikationen auf Jersey zum Einsatz.

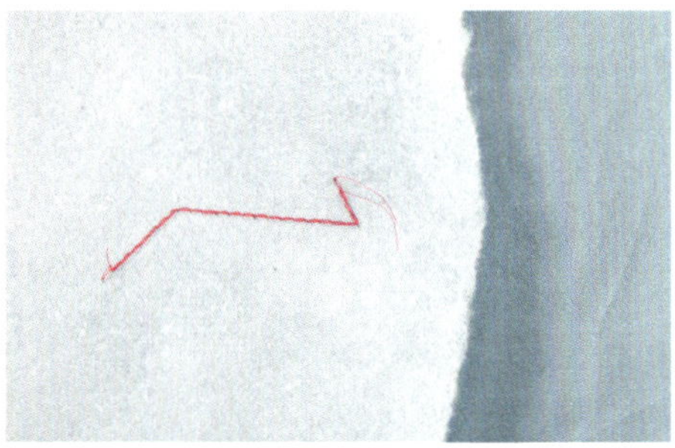

Am Nahtanfang kann es vorkommen, dass die Nadel (vor allem, wenn sie zu dick oder zu stumpf ist) den Stoff in das Loch der Stichplatte hineindrückt. Hier spricht man auch von **„Stofffressen"**. Um dieses Phänomen zu vermeiden, hält man Ober- und Unterfaden am Nahtbeginn fest und zieht sie ganz sanft nach hinten weg, sobald man zu nähen beginnt. So kann der Stoff nicht eingezogen werden, da ihn die Fäden oben halten und der Transport über die Öffnung unterstützt wird.

OVERLOCK & CO. – SPEZIELLE NÄHMASCHINEN

Besonders professionell werden die Nähergebnisse, wenn mit einer Overlockmaschine oder einer Coverlock gearbeitet wird. Beide Maschinen sind zwar nicht wirklich notwendig, doch die Anschaffung einer Overlock kann sich für begeisterte Hobbynäherinnen schon sehr schnell lohnen. Sie bedeutet eine enorme Arbeitserleichterung.

Overlockmaschinen

Mit der Overlockmaschine werden Kanten meist mit 4 Fäden – 2 Nadelfäden und 2 Greiferfäden – gleichzeitig zusammengenäht und versäubert. Das Messer der Overlock kann die Kante dabei nach Bedarf während des Nähens zusätzlich auf die richtige Breite zurückschneiden.

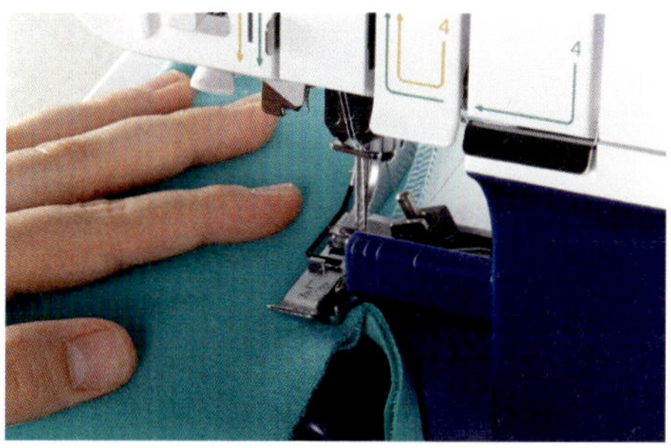

Overlocknähte sind nicht nur ausgesprochen dehn- und belastbar, eine Overlock näht auch wesentlich schneller als eine Haushaltsnähmaschine. Außerdem sind viele Overlockmaschinen mit einem Differenzialtransport ausgestattet, der feine und dehnbare Stoffe besonders gleichmäßig transportiert.

Neben der 4-fädigen Overlocknaht sind auch 3-fädige mit nur 1 Nadelfaden üblich. Diese Nähte werden schmaler und eignen sich gut für Mützen, Unterwäsche und Bademode, also überall dort, wo Nähte möglichst wenig auftragen sollen und nicht besonders großer Belastung ausgesetzt sind.

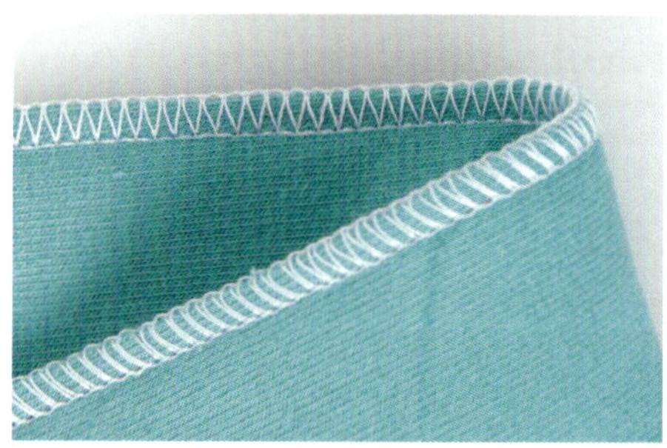

Covermaschinen

Noch spezieller ist eine Covermaschine, die nur bei Säumen und Ziernähten zum Einsatz kommt. Auf der Oberseite nähen 1 bis 3 Nadeln im Geradstich, während der Greiferfaden sich breit dazwischen aufspannt. Das Ergebnis ähnelt dem einer Zwillingsnadel, ist jedoch meist dehn- und haltbarer. Die Rückseite der Covernaht wird häufig als Ziernaht verwendet.

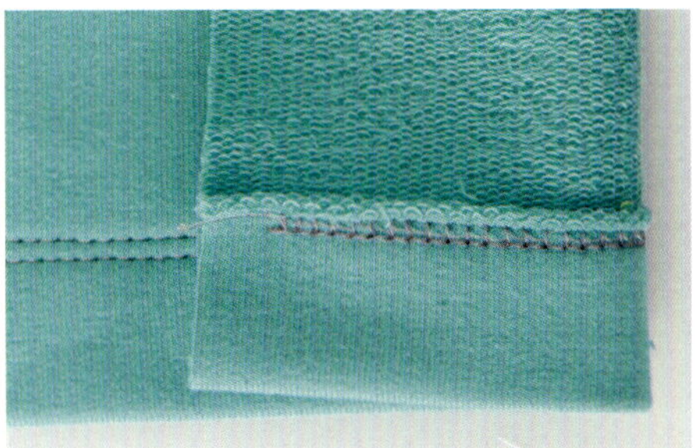

In der Industrie benutzt man zusätzlich spezielle **Flatlockmaschinen**, deren Nähte oben wie unten der Rückseite einer Covernaht ähneln. Solche Maschinen sind für den Hausgebrauch jedoch nicht üblich. Sie nähen Einzelteile aus dehnbaren Stoffen Stoß auf Stoß aneinander. Diese Nähte sind besonders flach und werden gerne für Sportbekleidung verwendet.

Einige wenige Kombimaschinen aus Cover- und Overlock haben einen Top-Bottom-Stich, der optisch dem Flatlockstich spezifischer Maschinen ähnelt. Viele Overlockmaschinen haben eine Flatlockfunktion, bei der die Kanten zunächst auf die übliche Weise aufeinandergenäht und anschließend auseinandergezogen werden, sodass sie im Endergebnis aneinanderstoßen. Diese Technik spielt im Alltag zwar keine wichtige Rolle, kann jedoch beispielsweise als modische Ziernaht am Saum eingesetzt werden.

KLEIDUNG NÄHEN – GRUNDLAGEN

Schnittmuster

Die Schnittmuster der Anleitungen in diesem Buch befinden sich auf den beiliegenden Schnittmusterbögen. Bevor man sie benutzen kann, müssen sie mithilfe von Schnittmusterpapier oder Folie übertragen werden. Dafür gibt es spezielles Papier im Fachhandel, oder – als günstige Alternative – Baufolie aus dem Baumarkt. Das Papier oder die Folie wird auf den Schnittmusterbogen gelegt, das Schnittmuster in der gewünschten Größe mit einem (Folien-)Stift abgepaust und anschließend ausgeschnitten.

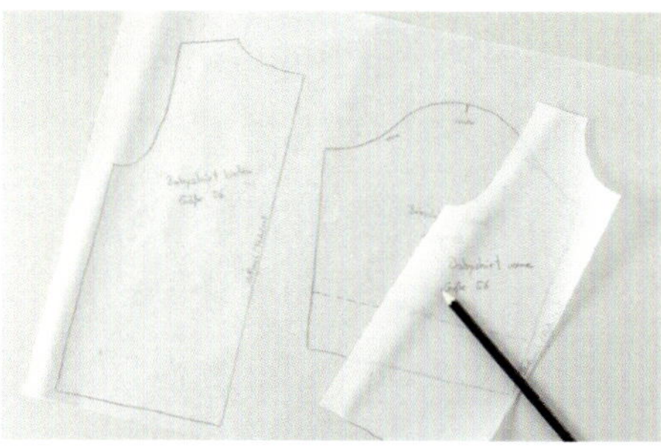

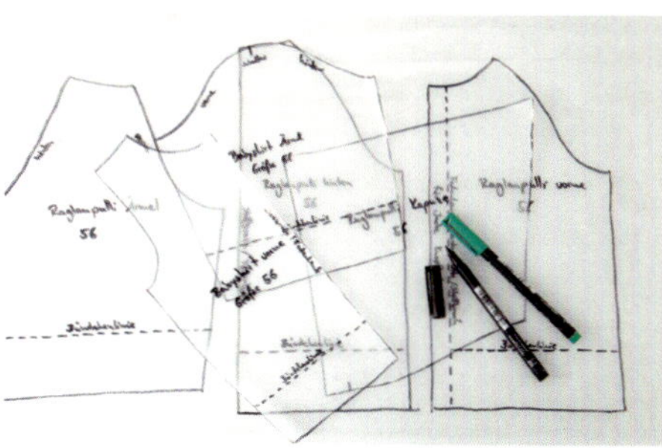

Alle Schnittmuster sind, falls nicht ausdrücklich anders angegeben, ohne Nahtzugabe, d.h. die Naht verläuft jeweils entlang der Außenlinie der Schnittmuster. Um Schnittteile jedoch überhaupt zusammennähen zu können, braucht man eine sogenannte **Nahtzugabe**, also etwas zusätzlichen Stoff außerhalb der Nahtlinie. Die Breite der Nahtzugabe hat auf die Passform keinen Einfluss, da es sich um Stoff abseits der Naht handelt.

Für die meisten Zwecke hat sich eine Nahtzugabe von 0,5 bis 1,5 cm bewährt, prinzipiell bleibt die Breite aber dem individuellen Geschmack überlassen. Meist geht man von einer Nahtzugabe von 1 cm aus.

Beim Nähen mit der Overlock sollte die Nahtzugabe entsprechend der Stichbreite gewählt oder überschüssige Breite beim Nähen abgeschnitten werden.

Bei allen Anleitungen in diesem Buch ist angegeben, welche Schnittteile für ein Modell benötigt werden. Diese wählt man auf dem Bogen aus, paust sie ab und schneidet sie mit der Papierschere aus. Dabei darf man nicht vergessen, auch alle Markierungen mit zu übertragen und die Papierteile zu beschriften.

Die meisten Kleidungsstücke können an Ärmeln, Beinen und Bund mit oder ohne Bündchen genäht werden. Wird ein Bündchen angesetzt, muss das Schnittmusterteil jeweils entlang der Bündchenlinien (= eingerückte Linien im passenden Strichmuster) gekürzt werden, um nach dem Annähen der Bündchen wieder die richtige Länge zu haben.

Zuschnitt

Das ausgeschnittene Schnittmuster auf die linke Stoffseite auflegen und aufzeichnen.

Die Nahtzugabe kann direkt beim Abpausen um das Schnittmuster herum auf dem Papier oder der Folie angezeichnet oder erst beim Zuschneiden des Stoffes hinzugefügt werden.

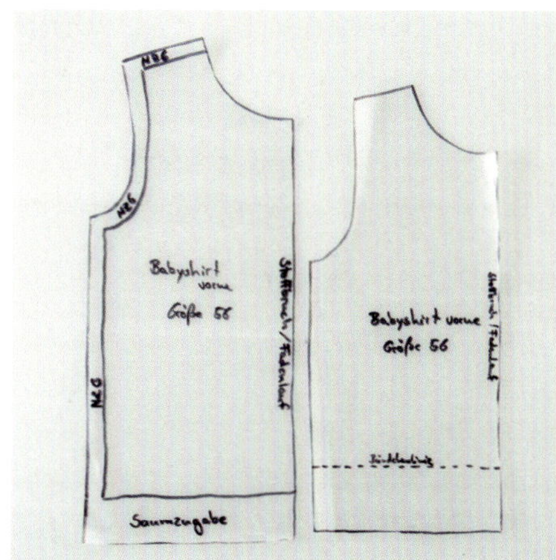

Beim Zuschneiden von Jersey und anderer Maschenware ist es sehr wichtig, den **Maschenlauf/Fadenlauf** zu beachten. Dieser ist im Schnittmuster mit einem Pfeil angegeben und muss beim Auflegen auf den Stoff stets parallel zur Seitenkante verlaufen, also entlang der feinen Längsrippen auf der rechten Stoffseite. Quer zum Maschenlauf sind Jersey und andere Maschenware nämlich am dehnbarsten.

Symmetrische Teile, z.B. Vorder- und Rückenteil, werden **im Stoffbruch** zugeschnitten. Dazu den Stoff entlang des Maschenlaufes rechts auf rechts falten (dabei eventuelle Musterverläufe beachten) und das Schnittmuster mit der als „Stoffbruch" bezeichneten Linie entlang der Faltlinie anlegen.

Ärmel, Hosenbeine und Kapuzen werden gewöhnlich **in doppelter Stofflage** zugeschnitten. Dafür zunächst den Stoff rechts auf rechts aufeinanderlegen und im Anschluss das Schnittmuster auf dem Stoff platzieren. Danach beide Lagen zusammen zuschneiden. So erhält man zwei gegengleiche Teile, also eine rechte und eine linke Seite.

Jerseystoffe rollen sich häufig an den Schnittkanten ein. Befestigt man die Schnittmuster sorgfältig mit Stecknadeln auf dem Stoff, erleichtert das das Zuschneiden. Bügeln und Sprühstärke mindert dieses Phänomen ebenfalls etwas.

Zuschnittpläne unter: www.topp-kreativ.de/downloadcenter oder diesen QR-Code scannen.

Nützliche Helfer

Maschenware lässt sich besonders bequem mit **Schneidematte** und **Rollschneider** zuschneiden, da der Stoff dabei nicht angehoben und bewegt werden muss und sich infolgedessen weniger leicht verzieht: Die Schnittmuster dann auf dem Stoff mit Gewichten beschweren und mit dem Rollschneider umfahren. Ein Abstandhalter hilft dabei, eine gleichmäßige Nahtzugabe bequem einzuhalten. Er ist als Zubehör im Handel erhältlich.

Zum Zuschneiden von Bündchen- und Einfassstreifen erweist sich ein **Quiltlineal** als wertvolles Hilfsmittel. Streifen von bestimmter Breite können so einfach und durch vorheriges Falten des Stoffes auch auf voller Stoffbreite zugeschnitten werden.

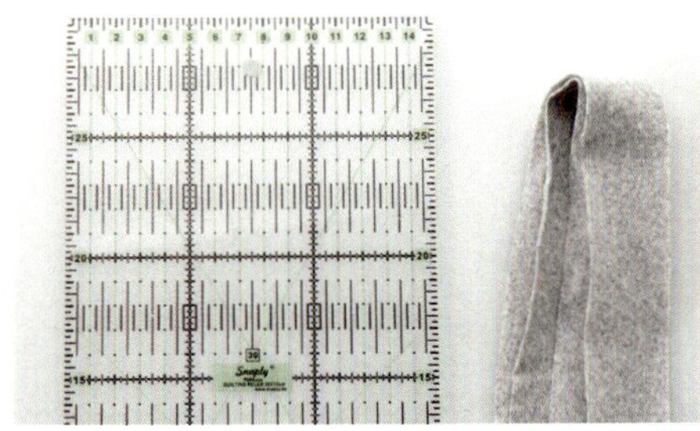

Bündchen nähen

Auch die Bein-, Bauch- und Ärmelbündchen finden sich in diesem Buch als Schnittteile auf dem Schnittmusterbogen. Sie werden unter Zugabe von Nahtzugabe und unter Beachtung des Maschenlaufs zugeschnitten. Vor allem Letzteres ist für die Dehnbarkeit besonders wichtig.

Wird statt zu säumen oder ein Gummi einzunähen mit Bündchen genäht, werden die entsprechenden Schnittteile von Ärmeln, Bein und Bund entsprechend der Bündchenlinien (eingerückt, im passenden Größenmuster) kürzer zugeschnitten.

Alle Bündchen werden zunächst zum Ring genäht. Dafür die kurzen Seiten rechts auf rechts aufeinanderlegen und mit (dreifachem) Geradstich, Elastikstich, einem Pseudo-Overlockstich oder der Overlockmaschine zusammennähen.

Wird ein schmaler Stich eingesetzt, kann die Nahtzugabe anschließend auf ca. 3 mm zurückgeschnitten und auseinandergefaltet bzw. -gebügelt werden.

Nun die Bündchen links auf links falten bzw. umstülpen. Sie sind jetzt nur noch halb so hoch wie vorher, die rechte Stoffseite liegt außen.

Um die Bündchen gleichmäßig gedehnt einzunähen, Arm- und Beinbündchen mit Stecknadeln in zwei Hälften einteilen, Halsbündchen vierteln. Die Ausschnitte analog dazu einteilen. Anschließend die Bündchen mit den Markierungsnadeln aufeinandertreffend in die Ausschnitte stecken und mit einem dehnbaren Stich annähen.

Damit eine gleichmäßige Dehnung gelingt, jeweils nur die Strecke zwischen zwei Nadeln dehnen und nähen. Dann erst die nächste Stecknadel entfernen, den nächsten Abschnitt dehnen und zusammennähen. Dabei unbedingt immer ausschließlich das Bündchen dehnen, und nicht den Stoff des Kleidungsstückes.

Am besten näht man innen auf dem Bündchen, die Nadelstange fungiert dabei als Freiarm. So gelingt auch das Annähen kleiner Bündchen problemlos.

Anschließend die Nahtzugaben in das Kleidungsstück legen und mit einem dehnbaren Stich steppen, beispielsweise mit einem Zickzack-, Elastik- oder dreifachen Geradstich. Auch dehnbare Zierstiche, wie z.B. der Wabenstich, eignen sich hierfür prima. Da sich diese Nähte allerdings besonders gerne wellen, sollte man – ist die Problematik bekannt – darauf verzichten oder durch reduzierten Nähfußdruck oder Obertransportfuß entgegenwirken.

Säumen

Da Kleidungsstücke aus Jersey dehnbar sind, müssen auch ihre Säume dieser Dehnung standhalten. Jersey ribbelt nicht auf und muss deshalb prinzipiell nicht gesäumt werden. Modische Akzente lassen sich zum Beispiel auch mit einer Overlocknaht als Abschluss setzen. Trotzdem wird Jerseykleidung normalerweise mit einem einfachen Umschlag gesäumt oder mit einem Rollsaum oder dessen Variation, dem Wellensaum, versehen. Wer eine Covermaschine besitzt, benutzt diese.

Klassischer Saum

Ein 2 bis 3 cm breiter, einfacher Umschlag nach innen ist der klassische Saum bei Jerseystoffen. Er wird beim Ausschneiden als Saumzugabe zum Schnittmuster hinzugefügt.

Dafür nach dem Zusammennähen die Saumzugabe nach innen umschlagen, gut bügeln und feststeppen.

Mit einer **Overlockmaschine** kann die Unterkante vor dem Umschlagen versäubert werden. Das verleiht der Kante mehr Stabilität, verhindert ein Einrollen und erleichtert das Säumen. Gerundete Kanten an Kleidern und Röcken können durch ein leicht gesteigertes Differenzial beim Versäubern mit der Overlockmaschine leicht eingehalten (also leicht gerafft) werden und lassen sich anschließend leichter umschlagen.

Zwar ist Bügeln bei den meisten Näherinnen unbeliebt, beim Säumen jedoch unerlässlich.

Säume sollten stets mit einem **elastischen Stich** genäht werden. Bei einer normalen Nähmaschine sind dafür Zickzackstiche ideal, insbesondere der dreigeteilte Zickzackstich oder aber die Zwillingsnadel. Einen schönen Effekt erzielen auch breite Zierstiche, wie zum Beispiel der Wabenstich.

Näht man **von der rechten Stoffseite aus,** wird die Naht sauberer. Für einen gleichmäßigen Abstand zur Kante orientiert man sich an den Führungslinien der Nadelplatte. Alternativ kann man ein farbiges Klebeband aufkleben, um den Saum mit einer eigenen Markierung zu führen. Farblich zum Stoff passendes Garn verzeiht kleine Ungenauigkeiten, Kontrastgarn erzielt tolle Effekte.

Natürlich kann man auch **von der linken Stoffseite aus** entlang der Oberkante des Umschlags nähen. Dazu sollte man allerdings unbedingt einen oben und unten identischen Stich (Zickzackstich) einsetzen.

Gummizugbund

Es gibt verschiedene Möglichkeiten, den Bauchbund oder die Beinabschlüsse mit Gummizugbünden zu versehen. Gummiband im Bauchbund sorgt für einen besseren Sitz und kann ein Bündchen am Bauch auch ergänzen.

Eingenähtes Gummi

Diese Technik ist sehr einfach und eignet sich vor allem für schlichte Hosen ohne Fronttaschen, wie beispielsweise für Leggings. Auch coole Bein- oder Ärmelabschlüsse lassen sich auf diese Weise arbeiten.

Man braucht dazu ein 2 bis 3 cm breites, weiches Gummiband mit einer Länge von rund 80% des Bauchumfangs bzw. des Umfangs des Hosenbeins/Ärmels plus einer Zugabe von 1 cm pro Seite.

Der jeweilige Saum wird mit einer Saumzugabe zugeschnitten, die der Breite des verwendeten Gummibandes entspricht.

Das Gummiband zunächst 2 cm breit überlappend zum Ring legen und mit Gerad- oder Zickzackstich zusammennähen. Den Ring bündig zum Rand auf die linke Stoffseite des Bundes stecken und entlang der Kante mit einem breiten Stich (Zickzack-, Pseudo-Overlockstich, Overlock mit arretiertem Messer) aufnähen.

Das Gummi so zur Innenseite einschlagen, dass der Stoff straff um das Gummiband herum liegt und die angenähte Gummibandseite die Unterkante bildet. Nun das Gummi auf Bundweite dehnen und die obere Seite knappkantig feststeppen. Dabei kann ein beliebiger Stich gewählt werden. Da auf dem gedehnten Gummi genäht wird, enthält die Naht in jedem Fall eine Reserve für die Dehnung.

Gummi im Tunnel

Eine zweite Möglichkeit für einen Gummizug ist, das Kleidungsstück mit Tunnel am Bund zu arbeiten und das Gummiband erst anschließend einzuziehen. Diese Technik eignet sich vor allem bei schmalen Gummibändern (0,5 bis 1 cm Breite), wie etwa an Bein- oder Ärmelsäumen.

Die Kante des Saumes nach Belieben mit der Overlockmaschine versäubern, 0,5 bis 1 cm breiter als das verwendete Gummiband umschlagen und bügeln. Anschließend den Umschlag ringsherum knappkantig festnähen, dabei eine 2 bis 3 cm lange Öffnung lassen.

Das Gummiband mithilfe einer Stopf- oder Sicherheitsnadel durch den Tunnel ziehen. Den Bund durch das Gummi auf die gewünschte Weite raffen und die Gummienden mit Geradstich zusammennähen. Das geschlossene Gummi durch die Öffnung in den Tunnel stecken und den Tunnel schließen. Dabei die Steppnaht des Tunnels 2 cm pro Seite überlappend vervollständigen.

Angesetzter Gummibund

Vor allem bei Hosen mit Fronttaschen ist ein angesetzter Bund sinnvoll. Hier wird ein Streifen Hosenstoff auf Weite des Hosenbundes zugeschnitten (bei der Verwendung von Bündchenstoff auf 80 % der Weite). Der links auf links gefaltete Streifen sollte so hoch wie das Gummiband plus 1,5 cm Nahtzugabe und etwas Spielraum sein.

Für ein 3 cm breites Gummi beispielsweise einen 9 cm hohen Streifen zuschneiden, zu einem Ring schließen, links auf links auf 4,5 cm Höhe falten und bügeln (siehe auch „Bündchen nähen", Seite 87).

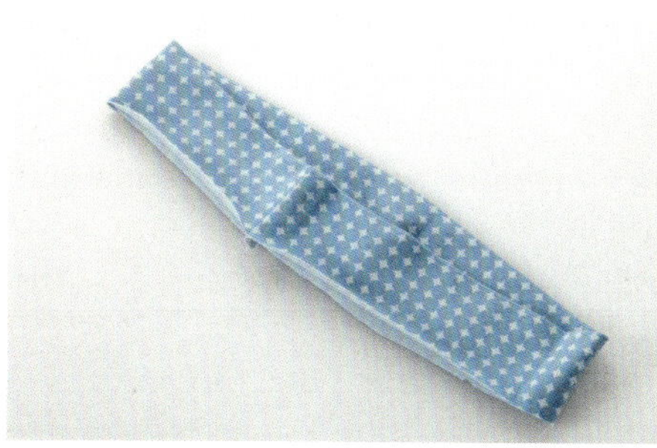

Danach das Gummiband mit einer Länge von 80 % des Bauchumfangs bzw. des Hosenbundes zum Ring nähen und in den gefalteten Bund zwischen die linken Stoffseiten legen.

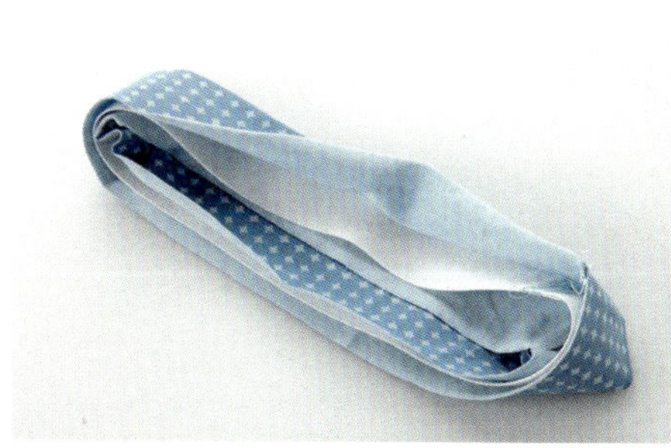

Gummi- und Hosenbund jeweils mit Stecknadeln in vier Abschnitte einteilen und den Ring gleichmäßig gedehnt annähen. Damit sich das Gummi im Stofftunnel nicht verdreht, den Bund im gedehnten Zustand noch einoder zweimal ringsherum mit Geradstich steppen.

Abschließend kann die Nahtzugabe wie beim Bündchen in die Hose gelegt und von rechts abgesteppt werden.

Einfassen

Um die Kanten eines aus Jersey gefertigten Kleidungsstückes abzuschließen, gibt es neben dem einfachen Säumen noch die Möglichkeit, die Kante mit einem Streifen aus Bündchenware oder Stretchjersey zu versehen. Das sogenannte Einfassen gelingt ebenfalls mit Falzgummi, Schrägband aus Webware ist hingegen weniger geeignet.

In diesem Buch kommen oft Kantenabschlüsse aus Jersey- bzw. Bündchenstreifen zum Einsatz. Sie werden quer zum Maschenlauf zugeschnitten und haben eine nach fertiger Breite und verwendeter Nahtzugabe definierte Höhe, die meistens ca. 4 cm beträgt.

Die Streifen können entweder links auf links gefaltet und angenäht oder auf unterschiedliche Weise (unten offen oder geschlossen) um die Kante herumgelegt und anschließend abgesteppt werden. Dabei ist die Falttechnik technisch einfacher, während die um die Kanten gelegte Methode etwas eleganter wirkt. Bei beiden Verfahren müssen ein paar Grundsätze beachtet werden, und es braucht ein wenig Übung, um schöne und professionelle Ergebnisse zu erzielen.

Das richtige Material

Als Material für Kantenabschlüsse sollte man stets Stoff mit einem Elasthananteil von mindestens 5 % wählen, also **Stretchjerseys oder handelsübliche Bündchenstoffe.** Die damit garantierte Elastizität sorgt dafür, dass die Kanten des Kleidungsstückes auch in Rundungen gut anliegen, sofern man die Streifen beim Nähen unterschiedlich stark dehnt.

Bei Bündchenstoffen unterscheidet man zwischen Rippbündchen und Feinstrickbündchen. Beide sind in unterschiedlichen Qualitäten erhältlich: von ganz weich und dehnbar bis relativ steif und stabil.

Für die Faltmethode eignen sich fast alle Bündchenstoffe, für Einfassungen hingegen sind eher dünne Feinstrickbündchen oder Stretchjerseys optimal.

Die richtige Naht

Zum Annähen und Absteppen der Streifen kann man einen normalen, nicht zu kurz eingestellten **Geradstich** (Länge 2,5-3) verwenden. Das klingt zunächst ungewöhnlich, erklärt sich aber aus der Tatsache, dass die Nähte überall da, wo sie später elastisch sein müssen, auf bereits gedehntem Material gearbeitet werden. Die Naht zieht sich anschließend mitsamt dem gedehnten Streifen zusammen und enthält sozusagen schon eine Dehnungsreserve in sich.

Außerdem kommen zum Annähen **Overlock- oder Pseudo-Overlockstiche** infrage, sowie der schmale Zickzackstich, Elastikstich oder dreifacher Geradstich. Fürs Absteppen gut geeignet sind geteilte und ungeteilte **Zickzackstiche, die Zwillingsnaht, elastische Ziersticche** und natürlich die Covermaschine, sofern vorhanden. Das Absteppen mit Zickzackstichen hat dabei nicht nur den Vorteil, die volle Dehnbarkeit der Nähte zu erhalten, sondern steigert auch noch die Trefferquote und liefert gerade Anfängern meist ein saubereres Nähergebnis.

Beim Absteppen ist eine Anpassung des Nähfußdrucks ratsam. Ein niedriger Nähfußdruck reduziert effektiv das unerwünschte Wellen bei Steppnähten oder weichen Rippbündchen. Verfügt die Maschine nicht über einen regulierbaren Nähfußdruck, kann das Unterlegen von (Stick-)Vlies (alternativ von haushaltsüblicher Küchenrolle) oder der Einsatz eines Obertransportfußes eine Alternative sein.

Die richtige Dehnung

Sowohl beim Einfassen als auch bei der Faltmethode ist die richtige Dehnung des Streifens beim Annähen von großer Bedeutung. Sie sorgt für einen guten Sitz und eine schöne Optik. Bevor man sich für viel, wenig oder keine Dehnung entscheidet, muss man sich vorher überlegen, wie sich die fertige Kante verhalten soll.

Gerade Kanten werden meist mit ungedehnten Abschlüssen versehen, damit sie am fertigen Kleidungsstück flach und gerade liegen. Eine Ausnahme bilden hier die **Ärmelsäume.** Durch Dehnen liegen hier die Kanten genau wie Bündchen näher am Arm. Das sorgt für eine bessere Passform und wächst länger mit.

Runde Kanten erfordern je nach Form mehr oder weniger Dehnung. Hier soll das Kleidungsstück anliegen, ohne dass die Kanten ungewollt einklappen oder abstehen. Dafür wird der Streifen bei **Innenrundungen** (z.B. beim Halsausschnitt) gedehnt angenäht. Bei **Außenrundungen** (z.B. bei der Schulterpartie des Body-Ausschnitts) wird der Streifen ungedehnt fixiert.

Der Zuschnitt

Die Streifen sollen der Länge nach dehnbar sein und werden daher quer zum Maschenlauf zugeschnitten. Ihre Höhe ergibt sich aus der gewählten Technik, aus der Breite des fertigen Kantenabschlusses und aus der verwendeten Nahtzugabe, wobei sich die beiden letzten Werte bei Einfassungen annähernd entsprechen.

Die fertige Breite und die Nahtzugabe sollen in den folgenden Rechenbeispielen jeweils 1 cm breit sein:
Für die **Faltmethode** ergibt das eine Streifenhöhe von 4 cm nach der Formel 2x fertige Breite + 2x Nahtzugabe.
Für **unten offene Einfassungen** errechnet sich eine Höhe von 3,5 bis 4 cm nach der Formel 3x Nahtzugabe/fertige Breite + 0,5 bis 1 cm Sicherheitszugabe (zum Abschneiden).
Unten geschlossene Einfassungen benötigen Streifen mit einer Höhe von 4 cm, ermittelt nach der Formel 4x Nahtzugabe/fertige Breite.

Beim Zuschneiden des Kleidungsstückes erhalten alle Kanten, die anschließend eingefasst oder mit gefaltetem Bündchen versehen werden, keine Nahtzugabe. Die Außenkante des fertigen Kleidungsstückes ist also deckungsgleich mit der Schnittkante.

Kantenabschluss mit gefaltetem Bündchenstreifen

Zunächst ein oder mehrere Streifen in einer Gesamtlänge entsprechend der Länge der einzufassenden Kante und einer nach der Formel 2x fertige Breite + 2x Nahtzugabe ermittelten Höhe zuschneiden: Bei einer fertiger Breite von 1 cm und einer Nahtzugabe von 1 cm macht das eine Höhe von 4 cm.

Den Streifen der Länge nach links auf links falten. Dies ergibt einen gedoppelten Streifen von 2 cm Höhe.

Den doppelten Bündchenstreifen mit der offenen Kante entlang der Stoffkante auf der rechten Seite des Kleindungsstücks anlegen und entsprechend der Regeln zu geraden und gebogenen Kanten (siehe oben) mehr oder weniger gedehnt feststecken und annähen.

Zum Annähen am besten die Overlock oder einen Pseudo-Overlockstich verwenden, die die dreifache Nahtzugabe sauber zusammenfassen. Bei einem schmalen Stich können die Kanten anschließend mit einer Zickzacknaht zusammengefasst werden.

Anschließend die Nahtzugabe in das Kleidungsstück legen und die Naht bügeln. Bei Bedarf von rechts mit einem geeigneten Stich (Geradstich, Zickzack, Zierstich) absteppen.

Einfassung mit offener Unterseite

Bei der Einfassung mit offener Unterseite kommen Streifen mit einer Höhe von 3,5 bis 4 cm zum Einsatz, errechnet nach der Formel 3x Nahtzugabe/fertige Breite + 0,5 bis 1 cm Sicherheitszugabe (zum Abschneiden). Die fertige Breite und die Nahtzugabe entsprechen einander und werden hier als 1 cm angenommen. Diese Technik eignet sich gut für Bündchenstoffe und Stretchjersey.

Den Streifen rechts auf rechts unter Einhaltung der Nahtzugabe entlang der Kante annähen, dabei die richtige Dehnung beachten. Der Streifen liegt beim Annähen mit voller Breite auf der rechten Stoffseite des Kleidungsstücks.

Den Streifen straff um die Kante nach links umschlagen. Auf der Rückseite überragt er jetzt die erste Naht um den Betrag der Sicherheitszugabe.

Nun die Einfassung von der rechten Seite aus knappkantig mit einem geeigneten Stich (z.B. Gerad- oder Zickzackstich, Zwillingsnadel) absteppen und dabei den Umschlag fixieren, der sich auf der linken Stoffseite befindet.

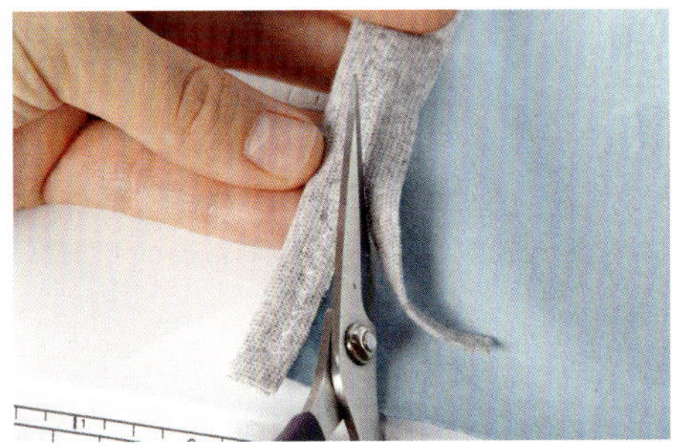

Danach den Umschlag vorsichtig entlang der Naht auf der Rückseite zurückschneiden.

Einfassung mit geschlossener Unterseite

Die Einfassung mit geschlossener Unterseite wird doppelt gefaltet und ist somit auf Vorder- und Rückseite gleichermaßen sauber verarbeitet. Sie eignet sich für wendbare Kleidungsstücke. Da die Einfassung 4-fach liegt, plus die Stofflagen dazwischen, sind für diese

Methode nur dünnere Bündchenstoffe und am besten Stretchjerseys geeignet.

Es wird ein Streifen nach der Formel 4x fertige Breite zugeschnitten, wobei die Nahtzugaben beim Annähen der fertigen Breite der Einfassung entsprechen müssen. Ausgehend von 1 cm ergibt das eine Streifenhöhe von 4 cm. Werden mehrere Lagen oder dickere Stoffe eingefasst (ist die Stoffkante also voluminöser), empfiehlt es sich, weitere 0,5 cm hinzuzufügen.

Den Streifen mit der rechten Seite auf der linken Seite des Kleidungsstückes an der Kante bündig auflegen und unter Einhaltung der Nahtzugabe und der richtigen Dehnung mit einer ersten Naht annähen.

Nun den Streifen erst nach oben legen und anschließend eine Nahtzugabe breit links auf links einklappen. Den eingeklappten Streifen so nach unten falten, dass er auf der rechten Stoffseite des Kleidungsstücks aufliegt. Dabei reicht er knapp über die erste Naht hinaus.

Den Streifen gut feststecken und von rechts knappkantig absteppen. Dabei unbedingt darauf achten, dass der Streifen gleichmäßig knapp über der ersten Naht liegt. Diese Naht markiert nämlich das Niveau der Streifenkante auf der Stoffrückseite, die man auch durch den Stoff erfühlen kann. Die Faltkanten sollten möglichst genau übereinanderliegen.

Wird beim Absteppen ein Zickzackstich benutzt, steigert das die Wahrscheinlichkeit, sowohl die Kanten auf der Vorder- als auch auf der Rückseite zu treffen. Ob die Rückseite mit der Steppnaht ebenfalls erfasst wird, hat bei dieser Technik allerdings nur optische Vorteile. Durch die erste Naht ist der Streifen sicher fixiert.

Das Zusammennähen der Kanten

Häufig werden die Einzelteile des Kleidungsstücks erst nach dem Abschließen mit Jersey- oder Bündchenstreifen zusammengenäht. Diese Kanten sind oft relativ dick und neigen dazu, sich beim Zusammennähen gegeneinander zu verschieben.

Das vermeidet man, indem man die Kanten zunächst innerhalb der Nahtzugabe mit Geradstich aufeinander fixiert. Beim Zusammennähen am besten zu Beginn der Naht die Fäden vom Nahtanfang greifen und während der ersten Stiche behutsam nach hinten wegziehen. Das unterstützt den Transporteur von Nähmaschine oder Overlock.

Die Kante am Nahtanfang ist meist auch nach dem Zusammennähen noch prominent und sieht unsauber aus. Das lässt sich leicht ändern, indem man die Nahtzugabe zur Seite faltet (gewöhnlich in Richtung Rückseite des Kleidungsstückes) und von rechts mit Geradstich auf Breite der Einfassung bzw. des Streifens feststeppt.

Sonderfall: Ausschnitte

Sollen Arm- oder Halsausschnitte eingefasst oder mit gefaltetem Bündchen versehen werden, können diese an einer Schulter- oder Seitennaht offen gelassen, mit einem Abschluss versehen und danach fertig zusammengenäht werden.

Alternativ kann man das Kleidungsstück zunächst vollenden und erst danach die Bündchen-/Jerseystreifen mit einer Länge von Ausschnittweite x 0,7 bis 0,8 cm (je nach Dehnbarkeit) zuschneiden, zum Ring zusammennähen und ringförmig einnähen. Dabei ist es wichtig, auf eine gleichmäßige Dehnung zu achten. Ausschnitt und Streifenring zunächst mithilfe von Stecknadeln in 2 bis 4 Teile einteilen und danach passend in den Ausschnitt stecken, bevor man sie gleichmäßig zwischen den Nadeln gedehnt einnäht (siehe „Bündchen nähen", Seite 87).

Einfassen mit Falzgummi

Falzgummi ist ein breites Gummi mit vorgefertigter Falzkante in der Mitte. Es hat zumeist eine glänzende, glatte Seite und eine raue, matte. Einfassungen mit Falzgummi finden sich häufig an Unterwäsche, da sie besonders wenig auftragen. Aber auch für Ausschnitte eignet sich Falzgummi.

Das Falzgummi in einem Arbeitsgang falten, unter richtiger Dehnung um die Stoffkante herumlegen und feststeppen.

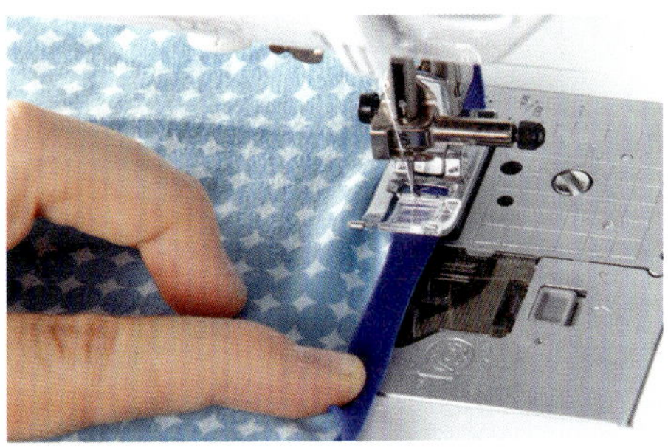

Die vorgegebene Falzkante ermöglicht dabei das gleichmäßige Falten und das gleichmäßige Steppen auf beiden Seiten. Ungeübte nehmen zum Annähen am besten einen Zickzackstich, Geübtere können Falzgummi auch gedehnt mit Geradstich annähen.

Einfassen mit der Covermaschine

Besitzer einer Covermaschine können zum Einfassen einen Bandeinfasser verwenden. Diese hilfreiche Apparatur faltet vorgeschnittene Jersey- oder Bündchenstreifen von vorgegebener Breite automatisch, sodass die Stoffkante nur hindurchgeführt werden muss, um eine perfekte Einfassung zu erhalten. Für Strickstoffe sollten diese Bandeinfasser am besten mit einem Rechen ausgestattet sein, der den Streifen zu führen hilft. Es gibt sie mit unten offener oder geschlossener Faltung. Einige wenige Hersteller bieten diese Einfasser auch für die Nähmaschine an.

Raffen

Beim Raffen eines Stoffes werden kleine Fältchen gelegt, die für eine romantische Optik und mehr Volumen sorgen, zum Beispiel bei Röcken oder Rockteilen von Kleidern. Diese Technik ist bei Webware sehr verbreitet, sie eignet sich aber genauso gut für Jerseystoffe. Hier werden zwei verschiedene Techniken vorgestellt.

Raffen mit Gummiband

Eine sehr einfache Methode, Jersey zu raffen, ist die Verwendung eines transparenten Gummibandes, auch Framilongummi genannt. Dafür das Gummiband auf die Länge zuschneiden, die das fertig geraffte Teil haben soll.

Anschließend das Gummiband mit einem schmalen Zickzack- oder Geradstich auf der rechten Stoffseite gedehnt aufnähen. Dabei können auch nur einzelne Abschnitte des Gummibandes gedehnt werden, z.B. für mittige Raffungen. Beim Zusammennähen der Teile verschwindet das Gummiband zwischen den Nahtzugaben und kann so nicht kratzen.

Das Gummiband zieht sich nach dem Annähen wieder zusammen und die Raffung hat direkt die gewünschte Breite. Außerdem ist sie elastisch – ein weiterer Vorteil für das Verarbeiten von Jerseystoffen.

Raffen mit Nähfaden

Um Stoff durch eine Naht zu raffen, den Geradstich in großer Stichlänge einstellen und die Oberfadenspannung auf nahe Null senken. Danach im zu raffenden Bereich innerhalb der Nahtzugabe eine gerade Naht nähen. Dabei unbedingt zu beiden Seiten ausreichend Nähfaden stehen lassen.

Den Stoff entlang des Unterfadens zusammenschieben, bis die gewünschte Breite erreicht ist. Dann die Fadenenden verknoten und das geraffte Teil weiterverarbeiten. Anschließend die Rafffäden entfernen.

TIPP: Ein noch gleichmäßigeres Ergebnis ergibt sich, wenn man noch eine zweite Naht ca. 2 cm unterhalb der ersten näht und beide gleichmäßig rafft. Die Fäden der zweiten Naht werden dann nach dem Zusammennähen entfernt.

Paspeln einnähen

Eine in der Naht mitgefasste Paspel ist eine sehr hübsche Art, farbliche Akzente zu setzen, und wertet jedes Kleidungsstück optisch auf.

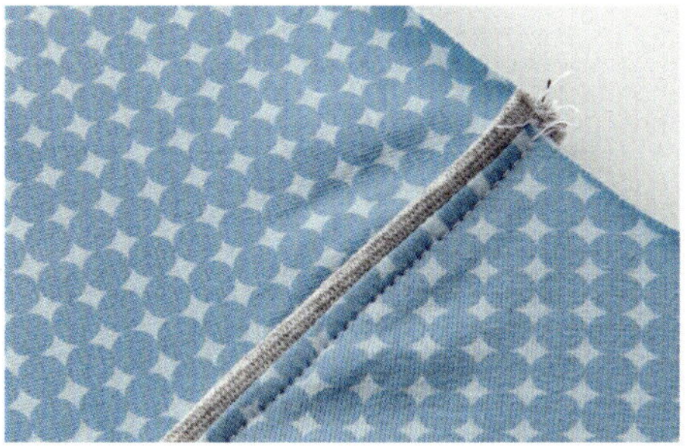

Auch bei Jersey kann herkömmliches Paspelband verwendet werden, sofern die Naht beim Anziehen oder Tragen nicht unter Spannung steht. Eine tolle Lösung für dehnbare Stoffe ist allerdings ein in der Naht mitgefasster, schmaler, gefalteter Streifen Jersey oder Bündchenstoff.

Zunächst muss entschieden werden, wie breit die fertige Paspel werden soll. Empfehlenswert sind etwa 5 mm. Dann wird ein Streifen aus dem gewünschten Stoff quer zum Maschenlauf zugeschnitten. Die Länge entspricht dabei der Länge der Naht, die mit der Paspel versehen werden soll. Die Höhe berechnet sich aus der Nahtzugabe + fertige Paspelbreite x 2. Bei einer Nahtzugabe von 1 cm und einer Paspelbreite von 5 mm macht das beispielsweise 3 cm.

Im Folgenden wird beispielhaft eine Raglannaht eines T-Shirts beschrieben.

Den Streifen links auf links auf halbe Höhe falten und bügeln. An der Nähmaschine einen Geradstich von eher langer Stichlänge einstellen und, falls möglich, den Nähfußdruck senken. Dann den Paspelstreifen mit der offenen Seite entlang der Kante anlegen und mit der Nähmaschine füßchenbreit, also etwa 8 mm vom Rand entfernt, annähen.

Dann Ärmel und Vorder- bzw. Rückenteil miteinander verbinden. Damit die Paspel dabei eine gleichbleibende Breite hat, liegen die Ärmel stets unten. So kann man die Naht sehen, mit der die Paspel fixiert wurde. Nun jede Raglannaht knapp innerhalb dieser Naht nähen. Das gelingt am besten mit der Nähmaschine. Wird eine Overlock verwendet, näht man die Teile zunächst mit Geradstich zusammen und fasst anschließend die Nahtzugabe mit der Overlock zusammen.

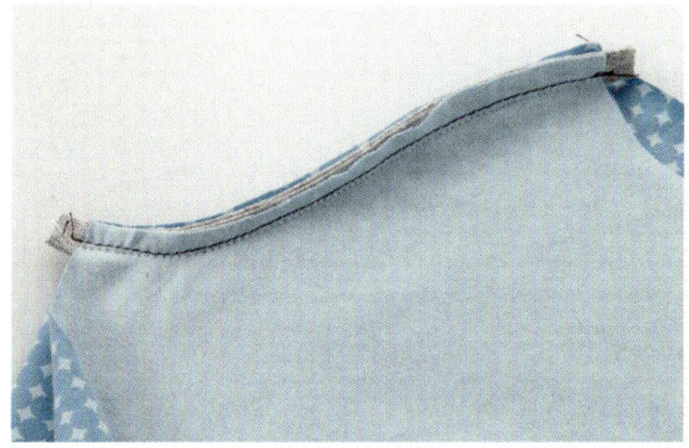

Die Nahtzugabe der Raglannähte in die Ärmel legen und die Nähte bügeln, bei Bedarf absteppen. Das T-Shirt wie gewohnt fertignähen.

Taschen

Vor allem Bauchtaschen sind bei Pullis und aufgesetzte Taschen an Hosen oder Jacken relativ leicht zu nähen und ein praktischer Hingucker.

Bauchtasche

Die Bauchtasche für Pullis wird im Stoffbruch plus 1 cm Nahtzugabe zugeschnitten. An den Eingriffen erhält sie in der Regel als Versäuberung Bündchenstreifen, die man jeweils 5 cm breit zugeschnitten und danach links auf links auf 2,5 cm Breite gefaltet hat. Die Nahtzugaben werden in die Tasche gesteppt.

Besitzer einer Overlockmaschine können anschließend Ober-, Unter- und Seitenkanten der Tasche versäubern, das verleiht ihnen etwas mehr Stabilität und macht das Annähen leichter.

Die Nahtzugaben an Oberkante und Seitenkanten nun zur linken Stoffseite umbügeln. Anschließend die Tasche entsprechend des Stoffbruchs vom Zuschnitt mittig zusammenfalten und den Stoffbruch bügeln. So erhält man eine reversible Markierung der Mittellinie. Mit dem Vorderteil des Pullovers ebenso verfahren, auch hier ist nun die vordere Mitte durch die Falz im Stoff markiert.

Die Tasche entlang dieser gebügelten Linien und mit den Unterkanten bündig genau mittig auf dem Vorderteil feststecken.

Anschließend die Oberkante und die Seitenkanten mit einer oder zwei Reihen Geradstich annähen, dabei Nahtanfang und -ende gut mit Rückstichen sichern.

Die Unterkante der Tasche mit großer Stichlänge an die Unterkante des Pullovers heften, um das Annähen des Bauchbündchens zu erleichtern. Den Pullover nun wie gewohnt fertignähen.

TIPP: Soll der Pullover gesäumt genäht werden, kann die Unterkante der Tasche nicht in der Bündchennaht verschwinden. Sie wird deshalb wie die anderen Kanten entlang der Nahtzugabe umgebügelt und auf Höhe der Bündchenlinie im Schnittmuster aufgelegt und festgesteppt.

Eingesetzte Fronttasche

Die Fronttaschen an Hoodie, Fleecejacke und Collegejacke werden immer nach dem gleichen Prinzip vorbereitet, lediglich Breite und Verschlusslösungen weichen voneinander ab. Anschließend werden die Eingrifflösungen unterschiedlich verarbeitet und zum Schluss die Taschen immer gleich vollendet.

Tasche vorbereiten: Vorderteil, oberen und unteren Taschenbeutel zuschneiden. Den Bereich des Eingriffs am oberen Taschenbeutel mit Bügeleinlage (z.B. Vlieseline G710) verstärken. Auf der rechten Stoffseite des Vorderteils und auf der linken Stoffseite des oberen Taschenbeutels jeweils mit einem Trickmarker die Eingriffe anzeichnen.

Den oberen Taschenbeutel rechts auf rechts auf das Vorderteil legen, die runde Seite zeigt zur Mitte, die Rechtecke liegen bündig übereinander. Das Rechteck ringsherum mit Geradstich abnähen, dabei die Nahtenden überlappen lassen und so sichern.

Das Rechteck wie im Foto gezeigt einschneiden: In der Mitte längs, beidseits 5–10 mm bis vor die kurzen Enden und ab dort jeweils in Richtung der Ecken bis knapp vor die Naht einschneiden. Vorsicht: Die Naht dabei auf keinen Fall miteinschneiden!

Den Taschenbeutel durch die eingeschnittene Öffnung zur linken Stoffseite des Vorderteils wenden, den Beutel links auf links plan auf das Vorderteil legen und die Öffnung sorgfältig in Form bügeln. Jetzt der entsprechenden Anleitung folgen und abschließend die Taschen vollenden (siehe Seite 96).

Eingrifflösungen:

a) Einfache Eingrifftasche

Den schmalen Eingriff von rechts ringsherum absteppen. Pro Tasche je 2 Dreiecke aus SnapPap der Firma Snaply oder aus Kunstleder zuschneiden. Die Dreiecke beidseits am Eingriff fixieren (z.B. mit Sprühzeitkleber) und ringsherum aufnähen.

b) Reißverschlusstasche

Den Reißverschluss so hinter die Öffnung stecken, dass die Zähnchen mittig und der Schieber an der höheren Seite bündig zur kurzen Seitenkante liegt.

Den Reißverschluss von rechts ringsherum mit Geradstich annähen, die Nahtenden durch Überlappen sichern.

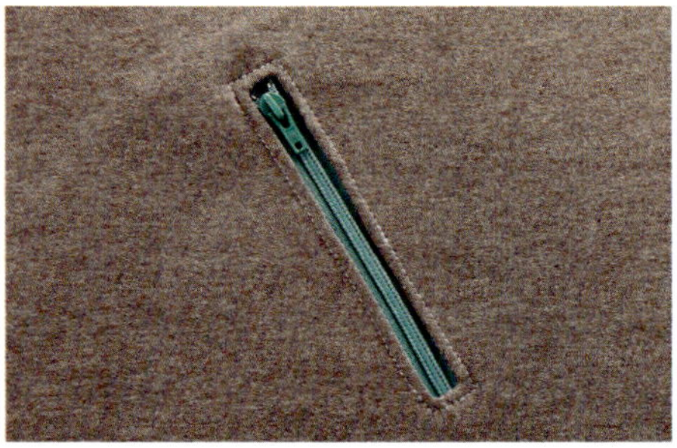

c) Leistentaschen

Das Bündchen für die Leiste der Länge nach rechts auf rechts falten und bügeln. So hinter die Öffnung stecken, dass der Stoffbruch der Leiste bündig zur langen, oberen Kante des Rechtecks liegt.

Die kurzen Seiten und die Unterseite der Tasche absteppen (weiße Naht), dabei die Leiste festnähen.

Die Tasche vollenden (siehe unten) und abschließend die Oberkante des Rechtecks durch alle Lagen absteppen (grüne Naht). Nahtanfang und -ende überlappen mit der ersten Steppnaht und werden noch durch Rückstiche gesichert.

Tasche vollenden: Den unteren Taschenbeutel rechts auf rechts bündig auf den oberen Beutel legen und ringsherum annähen. Bei den Leistentaschen dabei das Bündchen mitfassen. Nahtenden sichern, Overlockraupen ggf. in die Nahtzugabe einziehen.

Hosentaschen

Fronttasche

Die vorne aufgesetzten Fronttaschen werden in doppelter Stofflage (also gegengleich) zugeschnitten. Dabei fügt man ringsherum eine Nahtzugabe von 1 cm hinzu, einzig den Eingriff schneidet man ohne Zugabe zu. Hier näht man ein Bündchenstreifen an oder fasst die Kante ein, ohne die Streifen zu dehnen. Die Nahtzugabe wird in die Tasche gebügelt und eventuell abgesteppt.

Besitzer einer Overlock können jetzt die restlichen Kanten versäubern, dieser Schritt kann aber auch entfallen.

Die Nahtzugaben der Kanten zur linken Stoffseite bügeln und die Taschen an der passenden Seite auf die Vorderteile der Hose legen, bündig zur Ober-

und Seitenkante der Hose. Nun die Taschen beispielsweise mit Geradstich aufnähen. Dabei oben beginnen, den Nahtanfang sichern, die Naht knappkantig bis zur Seitenkante fortführen und das Nahtende sichern. Damit die weitere Verarbeitung einfacher geht, Ober- und Seitenkante der Tasche innerhalb der Nahtzugabe auf der Hose festheften. Anschließend die Hose wie beschrieben zusammennähen.

Vordere Eingrifftasche

Den oberen Taschenbeutel seitengerecht und bündig rechts auf rechts an den Tascheneingriff der vorderen Hose stecken und annähen.

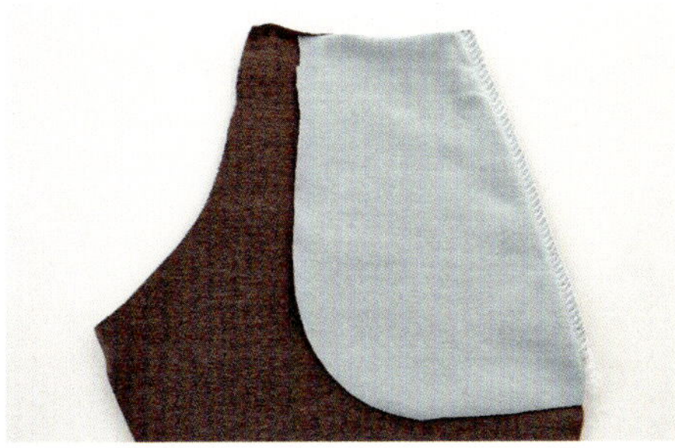

Den Taschenbeutel links auf links zur linken Stoffseite der Hose umklappen, den Eingriff bügeln und absteppen.

Den unteren Taschenbeutel rechts auf rechts bündig an den oberen Taschenbeutel stecken und die runde Kante zusammennähen.

Die Taschenbeutel für ein leichteres Weiterverarbeiten seitlich und oben innerhalb der Nahtzugabe an die Vorderhose heften.

Die Hose jeweils wie beschrieben fertigstellen.

Aufgesetzte Tasche

Diese Taschen werden außer entlang der Oberkante plus 1 cm Nahtzugabe zugeschnitten. Die Oberkante erhält als Umschlag für den Tascheneingriff eine Zugabe von 3 cm. Für mehr Stabilität können die Kanten mit der Overlock versäubert werden.

Zunächst die Zugabe am Tascheneingriff gemäß der Markierung rechts auf rechts umklappen. Den Umschlag seitlich unter Einhaltung der Nahtzugabe festnähen, dabei Nahtanfang und -ende mit Rückstichen sichern. Die Ecken zurückschneiden, den Umschlag links auf links wenden und bügeln.

Die Nahtzugaben der Tasche zur linken Stoffseite umbügeln. Die Taschen an der gewünschten Stelle auf der Hose platzieren, feststecken und knappkantig aufnähen. Dabei den Eingriff aussparen. Die Nahtenden sorgfältig sichern.

TIPP: Die aufgesetzten Taschen machen auch auf dem Shirt von Seite 12 eine gute Figur.

Applikationen

Jersey eignet sich hervorragend zum Applizieren, da die Kanten nicht ausfransen. Die Applikationen können mit Geradstich oder dreifachem Geradstich aufgenäht und so auch kleine Details unkompliziert gearbeitet werden.

Zum Applizieren werden Jerseyreste und zusätzlich doppelseitig klebendes Bügelvlies, z.B. Vliesofix, benötigt. Diese Einlage hat ein Trägerpapier, auf das das Motiv der Applikation übertragen wird. Dieses Papier ist semi-transparent, weshalb Vorlagen einfach durchgepaust werden können.

Nach dem Übertragen das Motiv grob ausschneiden und das Klebevlies mit dem Trägerpapier nach oben auf die linke Stoffseite bügeln. Dabei den Maschenlauf beachten, gewöhnlich sollte er senkrecht verlaufen.

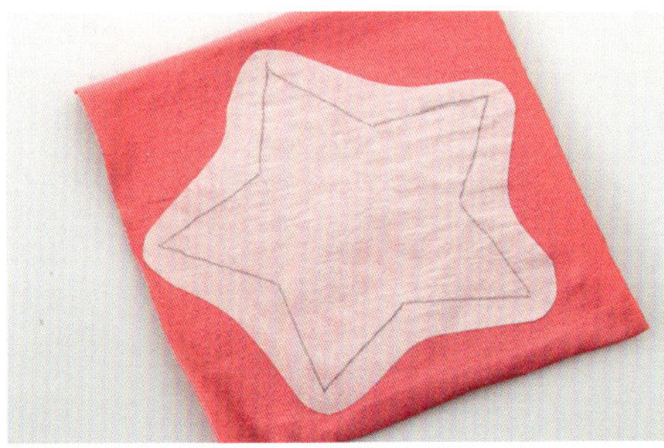

Das Motiv gemeinsam aus Stoff und Papier ausschneiden, danach die Trägerfolie entfernen. Jetzt kommt die Klebeschicht zum Vorschein.

Das Motiv mit der rechten Stoffseite nach oben an der gewünschten Stelle platzieren, der Kleber liegt unten. Das Motiv durch Bügeln vorläufig fixieren und anschließend festnähen. Komplexere Applikationen lassen sich dabei Schicht für Schicht von unten aufbauen.

Zum endgültigen Festnähen eignen sich ein einfacher oder dreifacher Geradstich oder ein Zickzackstich. Die Garnfarbe sollte man nach dem gewünschtem Effekt wählen: Farblich passendes Garn sieht am saubersten aus und verzeiht kleine Ungenauigkeiten. Kontrastfarbenes Garn sieht, vor allem wenn man mehrere Runden Geradstich näht, wie gezeichnet aus.

Da beim Applizieren die Gefahr sehr groß ist, dass der Jersey gequetscht wird und Wellen schlägt, sollte man zusätzlich eine Lage ausreißbares Stickvlies unterlegen. Das stabilisiert, und die Nähte lassen sich präziser nähen.

Kleidungsstücke verzieren

Akzente mit SnapPap

SnapPap, ein waschbares, pappeähnliches Material aus Zellulose und Latex in Lederoptik, eignet sich bestens für allerlei Verzierungen an Kleidungsstücken, zum Beispiel

- als Verstärkung und Dekoration unter Ösen an Hosenbund oder Kapuzen;

- als Label an Säumen mit ausgestanzten Motiven (Stanzer für Pappe sind im Bastelbedarf erhältlich);

- als Verstärkung und Dekoration seitlich an Tascheneingriffen (siehe Seite 95).

Bügelmotive aus Flexfolie

Mit Bügelfolie für Textilien – erhältlich in vielen Farben und meistens als Flex- (glatt) oder Flockfolie (pelzige Oberfläche) – lassen sich tolle Motive auf Kleidungsstücke zaubern. Mit einem Schneideplotter kann man alle erdenklichen Motive erstellen, aber auch einfachste geometrische Formen erzielen tolle Effekte, die mithilfe eines Lineals oder einer Schablone vorgezeichnet und mit der Schere ausgeschnitten werden. Dreiecke, Rechtecke und Kreise können immer neu angeordnet und farblich schier grenzenlos kombiniert werden, um einen stets neuen Look zu kreieren.

Bevor die Bügelfolie aufgebügelt wird, empfiehlt es sich, die Textilien zu waschen oder heiß mit Dampf zu bügeln. Das verhindert ein Einlaufen der Stoffe und entfernt mögliche Reste einer eventuellen Appretur auf dem Stoff.

Die Folie wird mit der folierten Seite nach oben auf dem Stoff platziert und mit dem Bügeleisen auf einer harten Unterlage (z.B. einem Holzbrett) mit viel Druck aufgepresst. Dabei stets die Temperatur- und Zeitangaben des Herstellers beachten. Anschließend wird die Trägerfolie entfernt und das Motiv unter Backpapier geschützt noch einmal nachgepresst.

Wendeöffnungen schließen

Gedoppelte Kleidungsstücke werden rechts auf rechts zusammengenäht und anschließend durch eine kleine Öffnung in der Naht gewendet. Um diese sogenannte Wendeöffnung zu schließen, gibt es verschiedene Möglichkeiten. Manchmal kann man die Öffnung beim Absteppen mitfassen, oft aber ist es eine besonders elegante Lösung, das Loch in der Naht später unsichtbar mit Matratzenstich zu verschließen.

Matratzenstich

Der Matratzenstich schließt unsichtbar Öffnungen innerhalb einer Naht. Das ist sehr hilfreich beispielsweise bei Kleidungsstücken zum Wenden, die auf beiden Seiten sauber gearbeitet aussehen sollen, oder bei Wendeöffnungen in Seitennähten, wo Steppnähte nicht sinnvoll sind.

Zunächst die Nahtzugaben entlang der Öffnung gleichmäßig nach innen umschlagen und die Ränder der Öffnung mit einer Stecknadel oder etwas Stylefix (schmales, transparentes Stoffklebeband) fixieren. Einen Nähfaden in eine feine Handnähnadel (bei Maschenware am besten mit runder Spitze) fädeln und das Ende verknoten. An der Außenkante der Öffnung die Nadel von der Stoffinnenseite nach Außen führen, sodass der Knoten auf der Innenseite verschwindet. Die Nadel in die erste Kante der Öffnung einstechen, etwa 2 mm durch den Stoff führen und wieder an die Oberfläche ausstechen. Jetzt auf gleicher Höhe die Seite wechseln und das Ganze an der gegenüberliegenden Kante wiederholen. Abwechselnd hin und her arbeiten, dabei immer auf gleicher Höhe einstechen und den Faden behutsam festziehen, sodass sich die Kanten genau aneinanderlegen. So wird die Öffnung verschlossen. Am Ende der Wendeöffnung den Faden verknoten und vernähen.

Absteppen

Befindet sich wie beispielsweise bei einem Halstuch die Wendeöffnung an einer Kante, die später flach liegt, lässt sich das fertige Kleidungsstück ringsherum mit Geradstich absteppen. Auch dann ist von der Öffnung nichts mehr zu sehen.

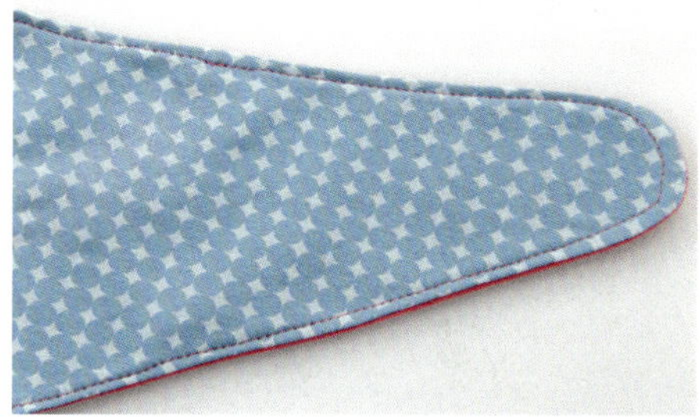

Alternativ kann man die Ränder einer Wendeöffnung sorgfältig mit Stecknadeln oder Stylefix bündig aneinanderlegen und nur im Bereich der Öffnung dezent absteppen. Dabei sollte man auf farblich passendes Garn achten und Nahtanfang und -ende durch Rückstiche sorgfältig sichern. Diese Technik eignet sich besonders, um Öffnungen im Futterstoff eines Kleidungsstücks zu verschließen, die ohnehin später innen liegen.

Druckknöpfe

Für viele Kleidungsstücke aus Jersey benötigt man Druckknöpfe. Dabei sollte man unbedingt **spezielle Jerseydruckknöpfe** verwenden. Die offenen oder geschlossenen Kappen haben im Ring angeordnete Zacken, die sich durch den Stoff in das Gegenstück drücken und dort umgebogen werden. So wird beim Öffnen und Schließen der Zug verteilt, die Knöpfe reißen nicht einfach aus. Trotzdem sollte der Bereich, in dem die Druckknöpfe angebracht werden, zusätzlich mit einer Bügeleinlage verstärkt werden. Werden die Drücker in einer Einfassung oder einem gedoppelten Bündchenstreifen befestigt, ist eine Verstärkung jedoch nicht nötig.

Die Druckknöpfe haben eine nach innen gewölbte, „weibliche" Seite und eine nach außen gewölbte „männliche". Beim Anbringen muss man stets darauf achten, dass diese Seiten am fertigen Teil ineinandergreifen können. Die gewöhnlich ringförmigen Gegenstücke müssen also stets an den gegenteiligen Stoffseiten angebracht werden. Die Position der Druckknöpfe sollte vor dem Anbringen mit Kreide oder einem speziellen Markierungsstift auf dem Stoff angezeichnet werden.

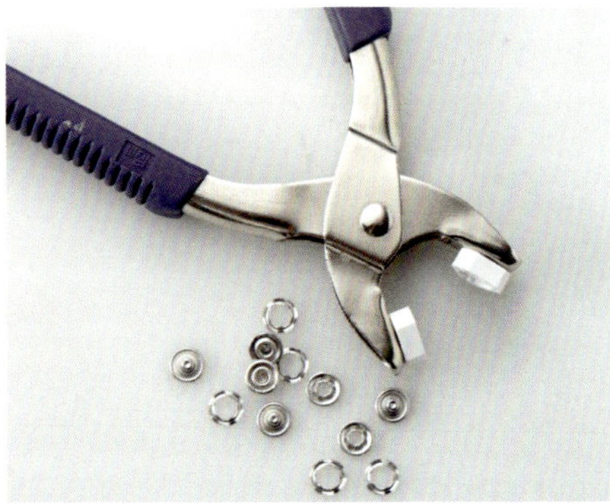

Die Druckknöpfe werden mit einer Zange und passenden Aufsätzen angebracht. Es ist sehr wichtig, die korrekten, zu den jeweiligen Knöpfen passenden Aufsätze bzw. die passende Zange zu verwenden.

Für optimale Ergebnisse zunächst den weiblichen oder männlichen Teil in der Zange befestigen. Dann den Zackenring von Hand an der gewünschten Stelle in den Stoff drücken und erst anschließend in die mit dem Gegenstück versehene Zange einpassen. Nun die Zange behutsam zudrücken. Dabei darauf achten, dass sicher alle Zacken greifen. Anschließend mit der zweiten Seite des Druckknopfs ebenso verfahren.

Sollte einmal ein Druckknopf falsch angebracht worden sein, kann er entfernt werden, indem man ihn mit einer stumpfen Zange behutsam senkrecht zusammendrückt. Der Zackenring löst sich dabei aus dem Gegenstück und kann vorsichtig aus dem Stoff gezogen werden.

KLEIDUNG NÄHEN – GRUNDBAUSTEINE

Klassische Shirts oder Pullover nähen

Bei klassischen Shirts oder Pullovern zunächst das Vorder- und das Rückenteil entlang der Schultern bündig rechts auf rechts aufeinanderlegen und die Schulternähte nähen.

Anschließend die Ärmel rechts auf rechts in die Armöffnungen einsetzen und annähen.

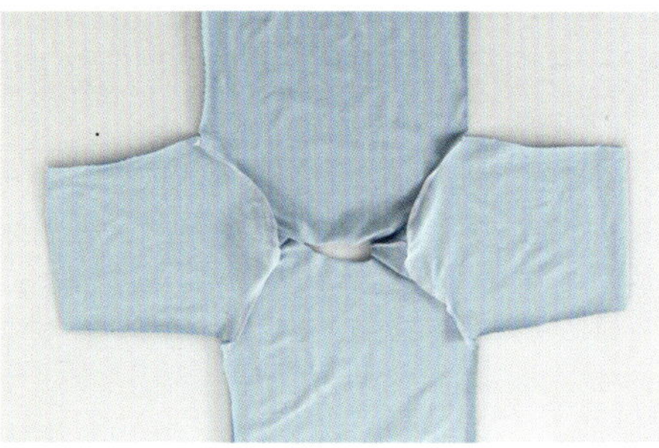

Dann das Vorder- und Rückenteil rechts auf rechts aufeinanderlegen, die Säume liegen bündig, die Ärmel sind zur Hälfte gefaltet. Nun die Seitennähte in einem Zug von der Ärmelunterkante bis zum Saum schließen.

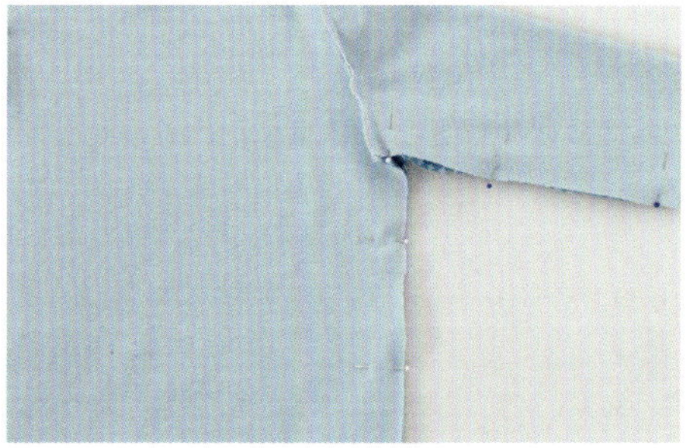

Ärmel und Saum werden entweder gesäumt oder mit Bündchen versehen, der Halsausschnitt bekommt ein Bündchen oder eine Kapuze.

Halsbündchen oder alternative Einfassungen können auch vor dem Schließen der zweiten Schulternaht angenäht werden.

Bei kleinen Größen empfiehlt es sich, die Ärmel vor dem Schließen der Ärmel- und Seitennähte zu säumen, da andernfalls in einer sehr kleinen Rundung genäht werden muss. Die Nahtzugaben dann beim Schließen der Ärmelnähte zur Seite steppen.

Bauchtaschen (siehe Seite 94) oder Applikationen (siehe Seite 99) vor dem Zusammennähen auf den Einzelteilen platzieren und aufnähen.

Raglanshirts oder Raglanpullover nähen

Bei Raglanmodellen die Ärmel entlang der Raglannähte jeweils auf beiden Seiten an Vorder- und Rückenteil rechts auf rechts annähen.

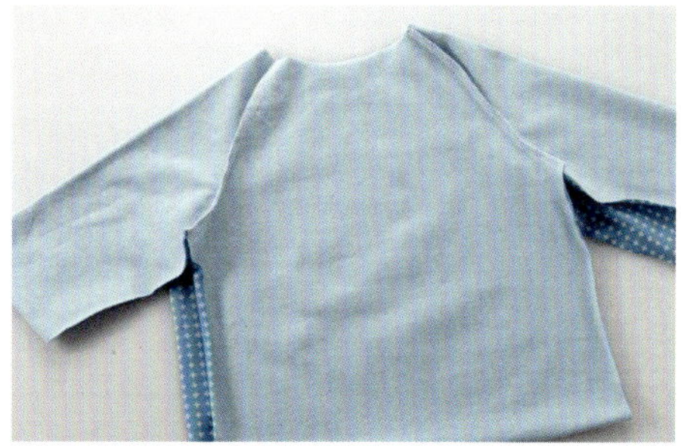

Danach das Vorder- und Rückenteil an den Seitenkanten bündig rechts auf rechts legen, die Ärmel der Länge nach falten, feststecken und die Ärmel- und Seitennähte jeweils in einem Zug schließen.

Säume, Ausschnitte und Verzierungen wie in der Anleitung zum klassischen Modell arbeiten.

Hosen nähen

Hosen aus Jersey oder anderer Maschenware können aus jeweils einem Schnittteil pro Hosenbein (z.B. Leggings) oder zwei Teilen pro Bein, nämlich Vorder- und Rückseite (z.B. Jogginghose), genäht werden. Das rückwärtige Hosenteil ist dabei gewöhnlich breiter und höher geschnitten.

Besteht eine Hose aus zwei Teilen pro Bein, zunächst die Außenbeinnaht rechts auf rechts nähen. Bei Hosen aus einem Teil entfällt dieser Schritt.

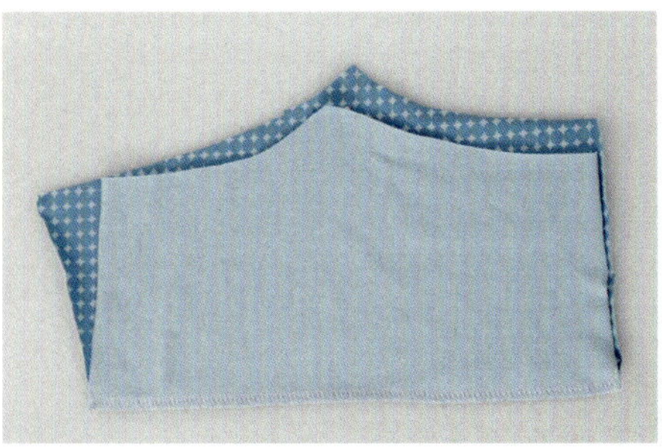

Dann die Innenbeinnaht rechts auf rechts schließen.

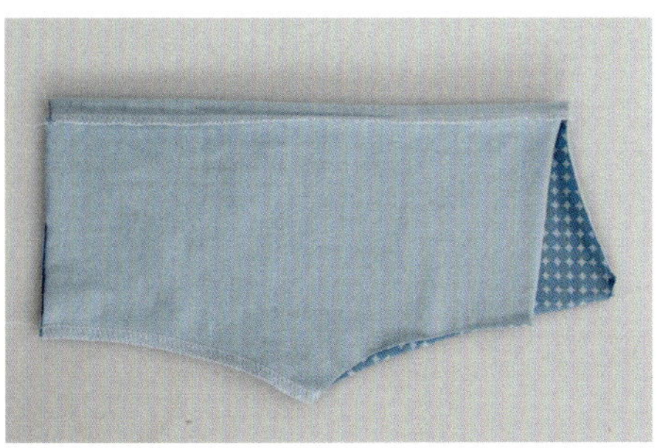

Ein Hosenbein auf rechts wenden (die rechte Stoffseite liegt außen) und rechts auf rechts in das zweite Hosenbein stecken, Vorderseite und Rückseite der Hosenbeine liegen dabei jeweils passend aufeinander. Jetzt die Schrittnaht in einem Zug schließen.

Im Anschluss beide Hosenbeine wieder auf links (die linke Stoffseite liegt außen) wenden und Bündchen, Gummizüge oder Säume an den Hosenbund und die Beinsäumen nähen.

Soll die Hose mit aufgesetzten Taschen versehen werden (siehe „Taschen", Seite 102), diese nach dem Zuschneiden und vor dem Zusammensetzen der Hose aufnähen.

Kapuzen und Kragen

Astronautenkapuze

Für eine Astronautenkapuze jeweils eine Innen- und eine Außenkapuze an der unteren Vorderkante im Stoffbruch zuschneiden.

TIPP: Wenn du Stoffreste für die Kapuze verwenden möchtest und ein Zuschnitt im Stoffbruch unmöglich ist, kannst du natürlich auch je zwei einzelne Kapuzenteile zuschneiden und diese entsprechend an der unteren Vorderkante zusammennähen.

Die Innen- und Außenkapuzen jeweils rechts auf rechts aufeinanderlegen und die Scheitelnaht schließen.

Die Innenkapuze wenden und rechts auf rechts in die Außenkapuze stecken.

Nun den Gesichtsausschnitt ringsherum zusammennähen. Nach Belieben zwischen den zwei Kapuzen einen Bündchenring (siehe Grundanleitung Seite 87) auf

70–80% der Ausschnittweite zwischenfassen.

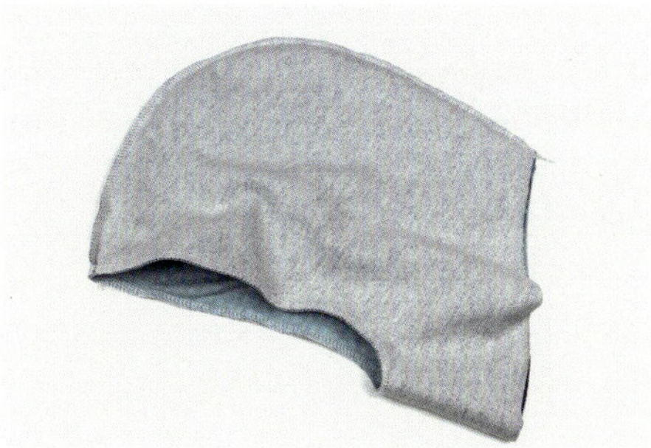

Die Kapuze durch den Gesichtsausschnitt wenden, die Innenkapuze links auf links wieder in die Außenkapuze stecken und die Kapuze in den Halsausschnitt einnähen (siehe unten).

Wickelkapuze und Wickelkragen

Die Wickelkapuze in doppelter Stofflage (also gegengleich) plus Mittelstreifen, den Wickelkragen im Stoffbruch zuschneiden. Für beides wird jeweils ein Außen- und Innenstoff benötigt. Die vordere Mitte durch Knipse innerhalb der Nahtzugabe aus dem Schnittmuster übernehmen.

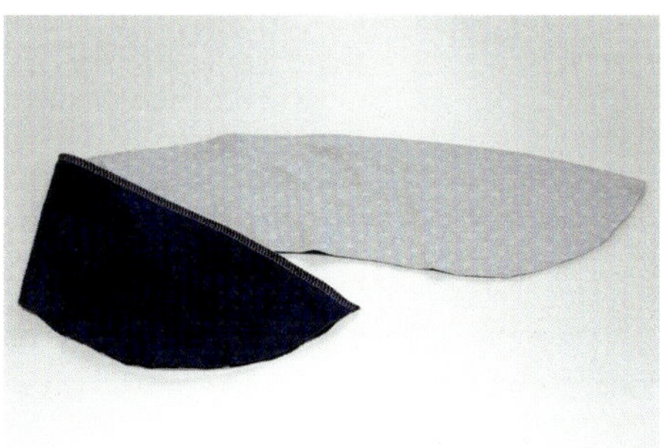

Für den Wickelkragen Außen- und Innenstoff rechts auf rechts bündig aufeinanderlegen und die Oberkante zusammennähen.

Den Kragen wenden, links auf links wieder bündig aufeinander legen, gut bügeln und ggf. absteppen.

Für die Außenkapuze die Kapuzenteile jeweils r-a-r an die Seitenkanten des Mittelstreifens stecken und annähen. Die Innenkapuze ebenso nähen.

Danach die Futterkapuze wenden, r-a-r in die Außenkapuze stecken und die Vorderkanten aufeinandernähen. Die Kapuze wenden und bügel. Bei Bedarf die Vorderkante absteppen.

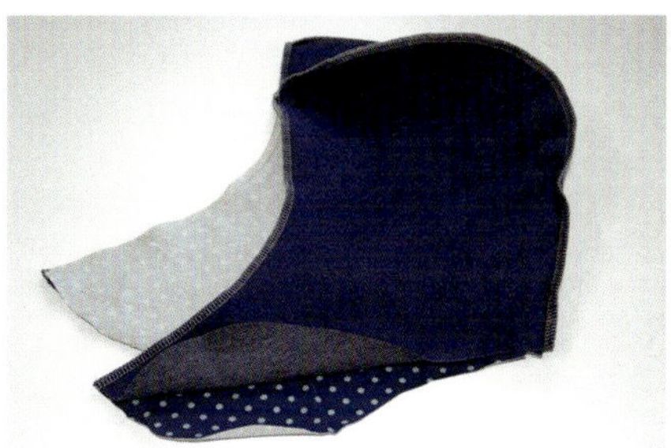

Die gewickelten Teile in der vorderen Mitte so übereinanderlegen, dass der Innenstoff der oberen Seite auf den Außenstoff der unteren Seite trifft und die Knipsmarkierungen für die vordere Mitte aufeinandertreffen. Das Gewickelte innerhalb der NZG aufeinanderheften.

Kapuze und Kragen abschließend immer so in den Halsausschnitt des Pullovers stecken, dass die vordere Mitte des Pullovers auf die Knipsmarkierung und die hintere Mitte auf die Mitte des Kragens, bzw. der Mitte des Mittelstreifens der Kapuze trifft. Ringsherum einnähen, bei Bedarf die Nahtzugabe in den Pullover steppen. Dabei auf eine dehnbare Naht achten.

Kapuze und Kragen abschließend immer so in den Halsausschnitt des Pullovers stecken, dass die vordere Mitte des Pullovers auf die Knipsmarkierung und die hintere Mitte auf die Unterkante der Kapuzen-Scheitelnaht trifft. Ringsherum einnähen, bei Bedarf die Nahtzugabe in den Pullover steppen. Dabei auf eine dehnbare Naht achten.

LEXIKON

Bügeleinlage/Bügelvlies: Wird auf die linke Stoffseite aufgebügelt, um dem Stoff Stabilität zu verleihen. So kann man z.B. Knopflöcher in Bündchen oder Kanten verstärken, an die ein Reißverschluss genäht werden soll. Für Jerseykleidung eignet sich gut Gewebeeinlage, z.B. Vlieseline G700 oder G710 (etwas leichter). Aber auch jede andere, nicht zu steife Einlage ist denkbar.

Bügelfolie „Flex": Glatte Folie in vielen Farben zum Ausschneiden oder Plotten und anschließendem dauerhaften Aufbügeln auf Textilien.

Doppelte Stofflage: Wird der Stoff beim Zuschneiden rechts auf rechts doppelt gelegt, also in doppelter Stofflage zugeschnitten, erhält man direkt gespiegelte Schnittteile, also z.B. rechten und linken Ärmel oder Hosenbein.

Fadenlauf/Maschenlauf: Die Richtung, in der der Stoff gestrickt (Maschenlauf) oder gewebt (Fadenlauf) wurde. Er läuft immer parallel zur Seitenkante und ist bei Maschenware beim Zuschnitt von großer Bedeutung für die Dehnbarkeit. Die Dehnbarkeit ist nämlich gewöhnlich quer zum Maschenlauf am größten.

Framilongummi: Ein transparentes, dünnes Gummiband, das gedehnt angenäht für die Raffung von dehnbaren Stoffen verwendet wird und ungedehnt in der Naht mitgefasst ein Ausleihern verhindert (zum Beispiel an Schulternähten).

Füßchenbreit: Füßchenbreit nähen bedeutet, dass die Naht der halben Breite des Nähfußes entspricht. Die Nadel befindet sich dabei in mittiger Position und der Nähfuß wird direkt entang der Kante geführt. Das sorgt für eine Naht im gleichmäßigen Abstand vom Rand bei etwa 7 bis 8 mm, jeweils nach Maschinenmodell.

Hoodieband: Gewebte, ca. 1 cm breite Kordel, geeignet als Dekoration oder Zugband für Hoodies oder am Hosenbund.

Jerseydruckknöpfe: Druckknöpfe zum Einschlagen oder Eindrücken (Zange) in gestrickte Stoffe. Durch ihre ringförmig angeordneten Zacken verteilt sich beim Öffnen der Zug auf dem Stoff. Trotzdem sollte der Stoff mit einer Bügeleinlage oder mit Wonder Dots vorher verstärkt werden, bevor die Druckknöpfe nach Herstelleranleitung angebracht werden.

KamSnaps: Druckknöpfe mit mittigem Dorn aus Plastik. Für Jersey nur mit Verstärkung (Bügeleinlage, Wonder Dots) geeignet oder in Einfassungen eingearbeitet.

Links auf links: Eine Art, den Stoff zusammenzulegen, wobei die linken Seiten oder Unterseiten/unbedruckten Seiten des Stoffes aufeinandertreffen.

Nähfußdruck: Der Druck, den der Nähfuß nach unten auf den Stoff ausübt. Bei den meisten Nähmaschinen einstellbar. Dehnbare Stoffe sollten mit reduziertem Nähfußdruck genäht werden, da das Wellenbildung verhindert.

Bei schweren Stoffen verbessert ein gesteigerter Nähfußdruck den Stofftransport.

Nahtzugabe: Der angeschnittene Überstand abseits der Nahtlinie, die den Schnittteilen hinzugefügt wird, um ein Aneinandernähen zu ermöglichen. Es sollte immer nur so viel Nahtzugabe hinzugefügt werden, wie später der Nahtbreite entspricht. Für gewöhnlich beträgt die Nahtzugabe etwa 1 cm, beim Einsatz der Overlockmaschine etwa 7 mm.

Rechts auf rechts: Eine Art, den Stoff zusammenzulegen, wobei die rechten Seiten oder Oberseiten/bedruckten Seiten des Stoffes aufeinandertreffen.

Saumzugabe: Die Zugabe am Stoff, die zusätzlich benötigt wird, um einen Saum zu nähen. Dabei empfehlen sich 2-3 cm, die nach innen umgeschlagen und danach sorgfältig festgesteppt werden.

SnapPap: Ein veganes Papier in Lederoptik, das sich vernähen und in der Waschmaschine waschen lässt (erhältlich über Snaply.de). Die Papier-Kunststoff-Mischung aus Zellulose und Latex eignet sich wie Kunstleder besonders als Verstärkung für Tascheneingriffe oder Ösen und für dekorative Akzente an Kleidungsstücken.

Stoffbruch: Der Stoffbruch bezeichnet die Falz, entlang der der Stoff im Maschenlauf beim Zuschneiden doppelt gelegt wird. Symmetrische Schnittteile werden entlang des Stoffbruchs angelegt und so im Ganzen zugeschnitten.

Stylefix: Das schmale, doppelseitige Stoffklebeband eignet sich bestens, um Reißverschlüsse zu befestigen oder Wendeöffnungen zu adaptieren, da es problemlos übernäht werden kann.

Wonder Dots: Patches aus Bügeleinlage zum Verstärken von Ösen und Druckknöpfen (erhältlich über Snaply.de).

Abkürzungen

l-a-l = links auf links

l-a-r = links auf rechts

NZG = Nahtzugabe

r-a-l = rechts auf links

r-a-r = rechts auf rechts

Pauline Dohmen lebt mit ihren fünf Kindern in Göttingen. Schon von Kindheitstagen an handarbeits- und nähverrückt, geriet sie nach einem ausgedehnten Ausflug in die Medizin während ihrer zweiten Elternzeit in die kunsthandwerkliche Selbstständigkeit und lebt seit 2011 unter dem Label Klimperklein ihren Traum, mit eigenen Schnittideen samt ausführlichen Anleitungen auch andere zu begeistern. Funktionalität, gute Passform und schlichte Schnittführung mit viel Platz für eigene Kreativität stehen dabei im Vordergrund.
Über den Weg zur perfekten Ausstattung für die ganze Familie bloggt sie unter www.klimperklein.de.

Pauline Dohmen im Video: topp-kreativ.de/jersey

Der Freischaltcode für die Videos, Applikationsvorlagen und Plottermotive lautet:

14218

www.topp-kreativ.de/digibib

Hilfestellung zu allen Fragen, die Anleitungen, Materialien und Kreativbücher betreffen: Frau Erika Noll berät Sie. Rufen Sie an: 05052/911858*

***normale Telefongebühren**

Wir danken der Firma Swafing für das freundliche Bereitstellen der Stoffe.
Swafing, der Stoffgroßhandel mit Tradition. Seit über 50 Jahren steht Swafing für modische Stoffe in hoher Qualität. Das Swafing-Sortiment umfasst exklusive Stoffkollektionen und innovative Materialien, Modestoffe, Kinderstoffe, Lizenzstoffe, Dekostoffe, Patch & Quilt sowie eine breite Palette an attraktiven Basics.
www.swafing.de

Des Weiteren bedanken wir uns bei den Firmen Snaply GmbH, www.snaply.de und Wunderpop! Desingstudio, www.wunderpop.de für die freundliche Unterstützung bei diesem Buch.

FOTOS: frechverlag GmbH, Turbinenstraße 7, 70499 Stuttgart; lichtpunkt GmbH, Michel Ruder

HAARE UND MAKE-UP: Charlene Ksiazek, Esslingen

PLOTTERMOTIVE: Kai Anja Kurtenbach (S. 19, 65); Petra Laitner (Seite 21)

PRODUKTMANAGEMENT: Nina Armbruster

LEKTORAT: no:vum, Susanne Noll, Hennef

LAYOUT: Petra Theilfarth

DRUCK UND BINDUNG: Neografia, Slowakei

10. Auflage 2022

ISBN 978-3-7724-6492-8 • Best.-Nr. 6492

Modelle in Kindergrößen

TOPP 6402, Kinderleicht!

TOPP 6472, Babyleicht!

TOPP 6482, Klimperklein!

Modell klimperklein
(Modell klimpergroß)